DU DÉFAUT

DEVANT

LES TRIBUNAUX CIVILS

DE

PREMIÈRE INSTANCE

PAR

ALFRED DUBOIS

DOCTEUR EN DROIT

CAEN

HENRI DELESQUES, IMPRIMEUR-ÉDITEUR

RUE FROIDE, 2 ET 4

—

1903

DU DÉFAUT

DEVANT LES TRIBUNAUX CIVILS

DE PREMIÈRE INSTANCE

DU DÉFAUT

DEVANT

LES TRIBUNAUX CIVILS

DE

PREMIÈRE INSTANCE

PAR

ALFRED DUBOIS
DOCTEUR EN DROIT

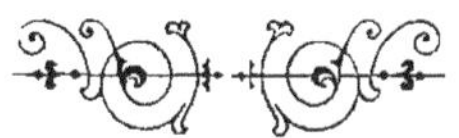

CAEN
HENRI DELESQUES, IMPRIMEUR-ÉDITEUR
RUE FROIDE, 2 ET 4

1903

MEIS

ET

AMICIS

BIBLIOGRAPHIE

ACCARIAS. — *Précis de droit romain,* 4e édition, 2 vol. in-8°. — Paris, Pichon, 1886-1891.

ALGLAVE. — *Action du ministère public et théorie des droits d'ordre public en matière civile,* 2e édition, t. I et II, in-8°. — Paris, Germer-Baillière, 1871.

ARBOIS DE JUBAINVILLE (D'). — *Des attributions judiciaires de l'autorité publique chez les Celtes,* revue celtique. — Année 1886.

BEAUCHET. — *Histoire de l'organisation judiciaire en France, époque Franque.* — Paris, Rousseau, in-8°, 1886.

BEAUMANOIR. — *Coutumes de Beauvoisis,* nouvelle édition, par le comte Beugnot, 2 vol. in-8°. — Paris, 1842.

BELTJENS. — *Code de procédure civile Belge annoté,* 2 vol. in-8°. — Liège, Godenne, 1897.

BIOCHE. — *Dictionnaire de procédure civile et commerciale,* 5e édition, 6 vol. in-8°. — Paris, 1867.

BOITARD. — *Leçons de procédure civile,* publiées par Gustave de Linage, complétées par Colmet-Daage et Glasson, 2 vol. in-8°. — Paris, Pichon, 1885.

BONCENNE. — *Théorie de la procédure civile,* continuée par Bourbeau, 2e édition, 6 vol. in-8°. — Paris, 1837-1847.

BONFILS. — *Traité élémentaire d'organisation judiciaire, de compétence et de procédure en matière civile et commerciale,* 2e édition, in-8°. — Paris, Rousseau, 1892.

BONJEAN. — *Traité des actions* (Droit Romain), 2 vol. in-8°. — Paris, 1845.

BORDEAUX. — *Philosophie de la procédure civile. Mémoire sur la réformation de la justice*, in-8°. — Évreux, Hérissey, 1857.

BORMANS. — *Commentaire législatif et doctrinal du code de procédure civile Belge*, 2 vol. in-8°. — Bruxelles, Larcier, 1885.

BORNIER. — *Conférences des nouvelles ordonnances de Louis XIV pour la réformation de la justice*, 2 vol. in-4°. — Paris, 1760.

BOUTARIC. — *Explication de l'ordonnance de Louis XIV sur les matières civiles et sur les matières criminelles*, 3 vol. in-4°. — Toulouse, 1743.

BOUTEILLER. — *Somme rural ou le grand coutumier général de pratique civil et canon*, par Louis Charondas Le Caron, in-4°. — Paris, Macé, 1603.

CARRÉ ET CHAUVEAU. — *Lois de la procédure civile et commerciale*, augmentées d'un supplément alphabétique et analytique, par G. Dutruc, 5e édition, 13 vol. in-8°. — Paris, Marchal, 1880-1883.

DALLOZ. — *Répertoire méthodique et alphabétique de législation, de doctrine et de jurisprudence*, 44 vol. in-4°. — Paris, 1845-1870. — *Supplément*, 19 vol. in-4°. — Paris, 1887-1897.

— *Recueil périodique et critique de jurisprudence, de législation et de doctrine depuis 1845*, in-4°. — Paris.

— *Code de procédure civile annoté*, in-4°. — Paris, 1876. — *Supplément*, in-4°. — Paris, 1893.

DUPARQUET. — *L'opposition*, thèse, in-8°. — Paris, 1896.

ESMEIN. — *Étude sur les contrats dans le très ancien droit français*, in-8°. — Paris, Larose et Forcel, 1883.

ESMEIN. — *La chose jugée dans le droit de la monarchie franque,* nouvelle revue historique de droit français et étranger. — Année 1887.

FAVARD DE LANGLADE. — *Répertoire de la nouvelle législation civile, commerciale et administrative,* 5 vol. in-4°. — Paris, Didot, 1823-1824.

FOURNIER. — *Les officialités au moyen âge,* in-8°. — Paris, 1880.

GALINIER. — *De la procédure par défaut* (Droit Romain), thèse, in-8°. — Paris, 1885.

GARSONNET. — *Traité théorique et pratique de procédure,* 7 vol. in-8°. — Paris, Larose et Forcel, 1882-1897.

GIRARD. — *Manuel de droit romain,* 2e édition, in-8°. — Paris, Rousseau, 1898.

GLASSON. — *Histoire du droit et des institutions de la France,* 8 vol. in-8°. — Paris, Pichon, 1887-1902.

— *Histoire du droit et des institutions de l'Angleterre,* 6 vol. in-8°. — Paris, 1882-1883.

— *Sources de la procédure civile française,* in-8°. — Paris, Larose et Forcel, 1882.

— *Précis théorique et pratique de procédure civile,* avec le concours de P. Colmet-Daage, 2 vol. in-8°. — Paris, Pichon, 1902.

— *Code de procédure civile pour l'empire d'Allemagne,* in-8°. — Paris, imprimerie nationale, 1887.

— *La réforme de la procédure civile en France,* in-8°. — Paris, 1887.

GUILHIERMOZ. — *Enquêtes et procès. Étude sur la procédure et le fonctionnement du parlement au XIVe siècle,* in-8°. — Paris, Picard, 1892.

ISAMBERT. — *Recueil général des anciennes lois françaises depuis l'an 420 jusqu'à la Révolution de 1789,* 29 vol. in-8°. — Paris, 1822.

JOUSSE. — *Nouveau commentaire sur l'ordonnance civile du mois d'avril 1667*, 2 vol. in-12. — Paris, 1767.

KELLER. — *De la procédure civile et des actions chez les Romains*, in-8°. — Paris, Thorin, 1870.

LEBOUCHER. — *Du mandat « ad litem » de l'avoué*, thèse, in-8°. — Caen, 1901.

LOCRÉ. — *La législation civile, commerciale et criminelle de la France*, 31 vol. in-8°. — Paris, 1827-1832. Les tomes 21 à 23 sont relatifs au code de procédure civile.

LOYSEL. — *Institutes coutumières*, par Dupin et Laboulaye, 2 vol. in-12. — Paris, 1846.

MERLIN. — *Recueil alphabétique des questions de droit*, 3e édition, 6 vol. in-4°. — Paris, 1819-1820.

NACHBAUR. — *Étude sur la procédure « in jure » dans les legis actiones*, thèse, in-8°. — Nancy, 1883.

ORTOLAN. — *Explication historique des institutes de Justinien*, augmentée par Labbé, 3 vol. in-8°. — Paris, Plon, 1883-1884.

PALAIS (*Journal du*). — Collection périodique. Collection chronologique jusqu'en 1845.

PANDECTES FRANÇAISES. — *Recueil de jurisprudence et de législation depuis 1886*, in-4°. — Paris.

— *Nouveau répertoire de doctrine, de législation et de jurisprudence*, tome 37, in-4°. — Paris, 1902.

PARDESSUS. — *Lex Salica*, in-4°. — Paris, 1843.

PIGEAU. — *Commentaire sur le code de procédure civile*, revu et publié par Poncelet et Lucas-Championnière, 2 vol. in-4°. — Paris, 1827.

POTHIER. — *Traité de la procédure civile et criminelle*, in-8°. — Paris, 1821.

RODIER. — *Questions sur l'ordonnance de Louis XIV, du mois d'avril 1667*, in-4°. — Paris, 1777.

RODIÈRE. — *Traité de compétence et de procédure en matière civile*, 5e édition, 2 vol. in-8°. — Paris, Durand, 1878.

ROLLAND. — *Principauté de Monaco. Projet de revision du code de procédure civile*, 3 tomes en 1 vol. in-8°. — Paris, Chevalier-Marescq, 1893-1895.

ROUSSEAU ET LAISNEY. — *Dictionnaire théorique et pratique de procédure civile, commerciale, criminelle et administrative*, 8 vol. in-8°. — *Supplément alphabétique*, par Roland, 2 vol. in-8°. — Paris, Rousseau, 1896.

SELIGMAN. — *Quelles sont au point de vue juridique et au point de vue philosophique les réformes dont notre code de procédure civile est susceptible ?* in-8°. — Reims, Regnier, s.d.

SIREY. — *Recueil des lois et des arrêts depuis 1791*, in-4°. — Paris.

SOHM. — *La procédure de la « Lex Salica »*, in-8°. — Paris, 1873.

TAILLANDIER. — *Loi de la procédure civile du canton de Genève*, précédée des divers rapports de M. Bellot, in-8°. — Rennes, 1837.

TANON. — *L'ordre du procès civil du XIVe siècle au Châtelet de Paris*, in-8°. — Paris, Larose et Forcel, 1886.

TARDIF. — *La procédure civile et criminelle aux XIIIe et XIVe siècles*, in-8°. — Paris, Picard, 1885.

VALROGER (DE). — *Les Celtes. La Gaule celtique*, in-8°. — Paris, 1879.

VIOLLET. — *Les établissements de Saint-Louis*, 4 vol. in-8°. — Paris, Renouard, 1881-1886.

DU DÉFAUT

Devant les Tribunaux civils de première instance.

INTRODUCTION

« Le droit de défense n'est pas moins de droit naturel en matière civile qu'en matière criminelle ; dans sa fortune de même que dans sa personne, nul ne peut être légalement atteint sans s'être défendu, ou sans avoir été mis à portée de se défendre : *nemo rebus suis interdictus existimetur, nisi auditus.* Cette règle, établie par les lois romaines, est expressément consacrée par toutes les législations » (1).

Tout jugement rendu sur la requête de l'une des parties, sans que l'autre ait été appelée, est nul comme violant le droit de défense. Cette nullité est substantielle ; aucune exception n'est apportée à un principe d'un ordre aussi élevé.

Le droit de défense est garanti par l'ajournement qui a pour objet de mettre le défendeur en demeure de se défendre. Le plus souvent, ce dernier répond à l'assignation en constituant avoué ; chaque plaideur dirige alors sa défense comme il le juge conve-

(1) Dalloz : *Répertoire de législation, défense, n° 181.*

nable, plaide les moyens qu'il croit fondés, et se sert des titres et des pièces qu'il a à sa disposition.

Le jugement qui intervient dans ces conditions présente toutes les garanties que l'on puisse espérer.

Ce principe n'est pas, en pratique, ignoré des parties ; poussées par l'intérêt personnel, elles n'hésitent pas le plus souvent à présenter tous les moyens qu'elles croient propres à leur assurer respectivement la victoire.

Malheureusement, il n'en est pas toujours ainsi : une des parties peut refuser d'accepter la lutte et le jugement contradictoire devient impossible.

Une sentence doit cependant intervenir, car tout appel en justice en suppose une.

L'absence d'un plaideur ne peut suffire pour suspendre définitivement une instance engagée ; toute personne qui invoque un droit doit pouvoir le faire constater par un jugement, même en dehors de la présence de son adversaire. Admettre le contraire serait priver le créancier de sa garantie la plus précieuse et, comme conséquence, soumettre le débiteur à des conditions d'autant plus rigoureuses que les garanties qu'il pourrait offrir seraient plus fragiles.

D'un autre côté, l'absence d'une partie ne peut être un motif suffisant pour la condamner, pour accorder à son adversaire un droit qu'il invoque peut-être à tort.

Le législateur se trouve alors placé dans une situation dont il est assez difficile de sortir, tout en donnant satisfaction au comparant qui réclame justice, et sans sacrifier pour cela les droits de la partie absente.

Ce qui rend pénible la tâche du législateur, c'est qu'il ignore le motif pour lequel le défaillant ne comparaît pas.

Cette absence peut être excusable, forcée ; on peut toujours craindre que le défendeur n'ait pas été touché par l'exploit d'ajournement, qu'il n'ait pas été mis en demeure par conséquent de faire valoir ses droits, de répondre à la demande. La décision qui peut être rendue en pareille hypothèse n'offre que des garanties incomplètes, et il est impossible de la soumettre aux règles applicables aux décisions ordinaires ; ce jugement ne peut évidem, ment se prêter à l'absolu d'une sentence définitive, car on sent quelque chose de douteux au fond de cet argument, tiré de l'absence et du silence d'une des parties.

Le défaut peut cesser d'avoir une excuse légitime. Souvent il ne constitue qu'une ruse pour entraver l'exécution des jugements ; le débiteur de mauvaise foi refuse de comparaître pour gagner du temps, faire disparaître le gage de ses créanciers, et se soustraire ainsi à ses engagements. Quelquefois, le défaillant, sûr de son droit, espère se venger de celui qui l'a assigné à tort, en laissant accumuler des frais qui resteront en définitive à la charge de son adversaire.

Dans ces deux hypothèses, le défaillant n'est digne d'aucune pitié ; le législateur doit prendre à son égard des mesures rigoureuses pour le punir de n'avoir pas voulu comparaître.

De ce défendeur de mauvaise foi, il faut rapprocher le plaideur qui, ayant tout d'abord comparu-

refuse de soutenir la lutte jusqu'à la fin ; il semble alors que son absence soit un aveu tacite de sa mauvaise cause.

Ces diverses situations rendent cette matière fort délicate. Le législateur, ne pouvant réglementer des cas particuliers, doit poser des règles générales, assez rigoureuses pour punir le défaillant de mauvaise foi, assez douces cependant à l'égard du défaillant de bonne foi.

Ce juste milieu qu'il convient de garder crée de nombreuses difficultés, que les législateurs, anciens et modernes, ont essayé de résoudre avec plus ou moins de bonheur.

PREMIÈRE PARTIE

Du défaut avant le code de procédure civile

Divers systèmes ont été appliqués dans les législations anciennes pour résoudre la question du défaut ; leur étude nous permettra d'examiner avec plus de profit les textes de notre code de procédure civile relatifs à cette institution.

Cette première partie sera divisée en trois chapitres : dans le premier nous étudierons l'évolution du défaut en droit romain ; le second sera consacré au droit canonique; le troisième au droit coutumier.

CHAPITRE PREMIER

DU DÉFAUT EN DROIT ROMAIN

En droit romain, la procédure du défaut (1), empreinte à l'origine d'un caractère rude et barbare, se transforma à tel point que, sous Justinien, elle présentait de nombreuses ressemblances avec notre procédure actuelle. Cette évolution fut lente ; sous les actions de la loi et la procédure formulaire le défaut resta, en somme, soumis aux mêmes règles ; les réformes importantes n'apparurent qu'au troisième siècle de l'ère chrétienne, avec la procédure extraordinaire.

Il est inutile de remonter dans l'étude du défaut au delà des actions de la loi. D'ailleurs, les docu-

(1) Le mot « défaut » apparut pour la première fois en droit coutumier avec le sens qu'on lui donne aujourd'hui en procédure. A Rome, le défendeur défaillant était appelé « contumax » et le mot « defectus » qui pourrait correspondre à notre mot « défaut » n'était pas employé en ce sens. Aujourd'hui, le mot « contumace » est réservé aux affaires criminelles et le mot « défaut » aux affaires civiles. C'est pour cette raison (et sur ce point nous suivrons nombre d'auteurs) que nous emploierons, de préférence, en droit romain, le mot « défaut » à la place du mot « contumace », car il est plus conforme aux idées actuelles (Garsonnet : *Cours de procédure*, t. V, p. 337).

ments que nous possédons sur cette époque sont si rares qu'ils légitiment de nombreuses suppositions. Il est probable que chez les anciens Romains, comme chez tous les peuples primitifs, la vengeance privée a été seule connue pendant longtemps ; la force primait alors le droit, et la victime d'un délit ne comptait que sur la puissance de ses muscles, pour obtenir la réparation du tort qu'elle jugeait avoir subi.

L'idée de défaut et celle de vengeance privée étant incompatibles, du moment où l'auteur du délit parvenait à échapper à l'offensé, la vengeance privée devenait impossible.

Il en fut ainsi jusqu'au jour où exista, au-dessus des particuliers, une autorité assez puissante pour se charger de rendre la justice et empêcher de se la faire (1).

Mais, pendant longtemps encore, « le procès fut assimilé à un combat et le juge à un médiateur qui ne pouvait pas exercer son ministère entre les parties sans qu'elles consentissent l'une et l'autre à se présenter devant lui » (2). Pendant cette phase de la vengeance privée, l'esprit des anciens Romains s'était profondément imprégné de certaines règles, qui ne

(1) Mais, avant de supprimer le droit de se faire justice, la coutume avait imposé l'accomplissement de certains rites, de certaines formalités, afin de distinguer l'acte permis de l'acte illicite ; la procédure n'était encore qu'extrajudiciaire ; elle devint judiciaire lorsqu'on put se poser la question de savoir si elle était faite à tort ou à bon droit. De la vengeance privée à la justice rendue sous le contrôle de l'État, il y eut donc une double étape à franchir.

(2) Le rôle du magistrat était purement passif ; il consistait à donner par sa présence un certain caractère d'authenticité aux actes des parties (Garsonnet : *Cours de procédure*, t. V, p. 349, n. 4).

devaient disparaître que très lentement en présence des progrès continus de la civilisation.

L'étude du défaut en droit Romain comprendra trois sections qui correspondront chacune à une des procédures qui se sont succédées à Rome : les actions de la loi ; la procédure formulaire ; la procédure extraordinaire.

SECTION PREMIÈRE

Actions de la loi.

Depuis Servius Tullius (1) tout procès se divisait en deux phases distinctes : le *jus*, instance devant le magistrat ; le *judicium*, instance devant le juge.

Les règles du défaut étaient différentes suivant qu'il se produisait pendant l'une de ces deux phases ; aussi nous diviserons cette section en deux paragraphes : le premier sera relatif à la non-comparution d'une des parties *in jure*, le second à la non-comparution *in judicio*.

§ 1er : Du défaut « in jure ».

Un rapide exposé de la procédure permettra de mieux comprendre la question.

Le demandeur lui-même était chargé de faire comparaître son adversaire devant le magistrat. Pour cela il ne pouvait aller le trouver chez lui, car le domicile était inviolable et sacré ; mais, s'il le

(1) Toutefois, suivant certains auteurs, cette division en deux phases n'eut lieu que sous la République seulement. Sur ce point, cf. Girard : *Manuel de droit Romain*, page 20 et suivantes.

trouvait dans la rue, par exemple, il le sommait de le suivre jusqu'au lieu des audiences : c'était l'*in jus vocatio*. S'il résistait, le demandeur prenait les assistants à témoin, saisissait son adversaire et l'emmenait de force (1).

Il pouvait seulement être arrêté par l'intervention d'un *vindex*, personne qui, suivant la majorité des auteurs, promettait simplement la comparution personnelle du défendeur, sans prendre le procès à son compte (2).

Il est probable qu'à cette époque le défaut du défendeur devait être un fait assez rare, car ce dernier devait difficilement se dérober aux recherches de son adversaire.

Cependant, il en pouvait être autrement : il pouvait rester dans son domicile qui était inviolable ou quitter définitivement le pays ; peut-être hésitait-il à se condamner ainsi à la prison ou à l'exil ; mais, la chose étant possible, il convient de se demander quels sont les avantages accordés par la loi au demandeur, en compensation du jugement qu'il ne pouvait obtenir.

En effet, la nécessité de la présence de l'adversaire est un des traits caractéristiques de cette procédure (3). Le procès, comme les conventions,

(1) XII Tables, I, 1-3.

(2) Suivant certains auteurs, le *vindex* était un représentant judiciaire, mais ceci semble inconciliable avec les textes (cf. Gaius, IV, 82 et 87) qui nous montrent la représentation judiciaire comme une exception sous les actions de la loi ; *nemo alieno nomine lege agere potest* : tel était le principe. Pour plus de détails sur le rôle du *vindex*, cf. Paul Maria, *Le Vindex*, thèse ; Paris, 1895, p. 201 à 223.

(3) Gaius, IV, 29.

exigeait le concours des volontés (1) ; « *neminem*, dit Cicéron, *voluerunt majores nostri, non modo de existimatione cujusquam, sed ne pecuniaria quidem de re minima esse judicem, nisi qui inter adversarios convenisset* ». Le défaut du défendeur rendait donc tout procès impossible ; mais le législateur venait en aide au demandeur en lui accordant certains moyens de contrainte pour vaincre la résistance de son adversaire récalcitrant.

Le demandeur pouvait obtenir de se mettre en possession des biens du défaillant : c'était la *missio in possessionem*. Elle était prononcée par le magistrat ; ce n'était pas une mesure définitive car il ne tenait qu'au débiteur d'y mettre fin ; c'était avant tout un moyen de contrainte destiné à faire comparaître la partie qui faisait défaut, moyen qui devait réussir si ses biens étaient d'une valeur supérieure au montant de la dette contestée.

Si les deux parties comparaissaient, elles exposaient leurs prétentions dans des formes déterminées et en présence du magistrat. Cette première phase du procès se terminait par la nomination du juge.

Cet exposé contradictoire devait le plus souvent se terminer le jour même, mais il était possible que les parties fussent forcées de revenir devant le magistrat, et alors se pose la question de savoir si le demandeur pouvait s'assurer la présence du défendeur pour cette seconde comparution ? On admet généralement l'affirmative ; cette promesse du défendeur était connue sous le nom de *vadimo-*

(1) Paul Nachbaur : *Thèse*, Nancy, 1883. *Procédure in jure sous les legis actiones*.

nium et on appelait *vades* les personnes qui se portaient caution de l'exécution du *vadimonium* (1). S'il refusait de fournir cette garantie, il était probablement gardé prisonnier.

Si le défendeur présent empêchait par son refus la liaison du procès, il était appelé *confessus* et soumis aux mêmes voies d'exécution que le *judicatus* (2).

Le droit du demandeur était alors rendu aussi certain que s'il y avait eu, par exemple, un jugement sur un *sacramentum*, mais rien de plus, et, si son droit ne consistait pas en argent, la *manus injectio* devait être précédée d'une liquidation accessoire.

Du *confessus* il faut rapprocher l'*indefensus*, c'est-à-dire l'adversaire qui se cache ou s'éloigne pour se soustraire à l'*in jus vocatio (fraudationis causa latitatio)* ou qui, ayant comparu une première fois, refuse de comparaître une seconde *(desertio vadimonii)* (3). On a discuté sur le point de savoir si l'*indefensus* pouvait être soumis à la *manus injectio*, c'est-à-dire s'il était assimilé au *judicatus* comme l'était le *confessus*. Cette assimilation était probable (4); mais cette dernière faveur accordée au demandeur devait être la plupart du temps inefficace; la *manus injectio* supposait, en effet, la

(1) Cf. Girard, *op. cit.*, p. 732, n. 4, et p. 949, n. 4. — Gaius, IV, 1848; Varron: *De ling. lat.*, V, 7.

(2) Cf. Girard, *op. cit.*, p. 952, n. 2, et D. 42, 2. *De conf.*, 1.

(3) Ainsi qu'on l'a vu ci-dessus, les biens de l'*indefensus* étaient l'objet d'une *missio in possessionem* ; mais ce dernier moyen de contrainte n'était relatif qu'aux biens, tandis que la *manus injectio* était relative à la personne.

(4) Cf. Bethmann-Hollwegg: *Handbuch des Civil Processes*, § 26. — *Lex Rubria de Gallia Cisalpina*, § 21 et 22.

présence de l'adversaire, or il était probable que si le demandeur parvenait à le rencontrer, il l'entraînait de force devant le magistrat pour faire juger définitivement la question litigieuse.

Jusqu'ici, il s'est agi seulement du défaut du défendeur, et on a vu que sans sa présence et son consentement la *legis actio* ne pouvait utilement s'accomplir. Du défaut du demandeur il n'en a pas été question et pour un motif très simple : c'est lui qui était chargé d'organiser l'instance ; or s'il faisait défaut, le procès n'existait pas, l'instance ne pouvait pas se lier.

Il était cependant une hypothèse (elle devait se réaliser très rarement) où le défaut du demandeur était possible : l'affaire ne s'était pas terminée le jour même devant le magistrat ; chaque partie avait promis d'y revenir un jour déterminé et avait fourni des cautions, garantes de l'exécution de cette promesse ; au jour fixé, le demandeur pouvait être absent. Il est alors certain que l'instance ne pouvait pas se lier, que le défendeur avait une action si la promesse avait été accompagnée d'une clause pénale ; le demandeur conservait probablement le droit d'agir une seconde fois, cependant une affirmation est impossible sur ce point à cause du silence des textes.

Bien que certains détails soient restés obscurs, il est un principe certain et indéniable qui caractérise sous les actions de la loi la procédure *in jure :* la présence de chaque partie est nécessaire et indispensable pour la liaison du procès. Dans la seconde phase, *in judicio,* le principe contraire était admis.

§ 2 : Du défaut « in judicio ».

Quelques auteurs ont voulu prétendre que la comparution des parties pouvait être assurée par une promesse, un *vadimonium*, analogue à celui qui existait *in jure*, pour garantir une seconde comparution ; ils se basent pour le soutenir sur un texte de Macrobe (1). Mais le sens douteux de ce texte, le silence de Gaius sur ce point, l'interprétation de la majorité des commentateurs, l'intérêt pour les deux parties de comparaître *in judicio*, suffisent pour écarter l'existence d'un *vadimonium*, garantissant la comparution de l'une des parties devant le juge.

Les deux adversaires étaient donc libres de comparaître ou non ; si l'un des deux faisait défaut, on l'attendait jusqu'à midi, et s'il ne comparaissait pas, il perdait son procès, ce délai expiré (2).

Si c'est le demandeur qui a fait défaut, il ne peut recommencer son procès, car la *legis actio* ne peut être accomplie utilement qu'une fois à raison du même droit (*bis de eadem re ne sit actio*). Si c'est le défendeur, il est réputé *judicatus*, et c'est une obligation pour le juge de condamner la partie absente.

Le demandeur qui avait obtenu gain de cause

(1) Macrobe : *Saturnales*, I, 16. Le texte porte ce qui suit : « *comperendini (dies) quibus vadimonium licet dicere* ». On a voulu en conclure que le *vadimonium* pouvait suivre la *comperendinatio*, du seul fait du rapprochement de ces deux mots. Ortolan : *Institutes de Justinien*, t. IV, § 1902.

(2) XII Tables, I, 8.

était chargé lui-même de l'exécution de la sentence. Sous les actions de la loi il devait, le plus souvent, recourir à la *manus injectio*, qui était devenue de très bonne heure une voie d'exécution des jugements, et là encore, la présence du défendeur était nécessaire. Ce point est intéressant à signaler, car nous retrouverons une règle analogue dans notre droit coutumier.

La procédure des actions de la loi présentait des inconvénients que le temps rendit de plus en plus sensibles (1) : le magistrat jouait un rôle purement passif, qui ne lui permettait point de remédier aux imperfections de la loi ; le formalisme rendait cette procédure dangereuse et fut, selon Gaius (2) lui-même, la cause principale de sa disparition.

Mais il faudrait se garder de croire que ce changement s'opéra brusquement ; il fut le résultat de lois rendues à plus d'un siècle d'intervalle : la loi Æbutia et les deux lois Juliæ (3).

(1) Cicéron : *Pro Murena*, ch. XII.

(2) Gaius, IV, 30.

(3) La date de ces lois est incertaine. L'une des deux lois Juliæ est presque certainement de 737 ; la seconde est probablement de la même date. Quant à la loi Æbutia, il est assez difficile de lui assigner une date précise ; suivant les uns elle serait du VIe siècle, suivant les autres, du VIIe. Les auteurs les plus récents la placent au début du VIIe siècle, de 603 à 628 (Cf. Girard, *op. cit.*, p. 971).

De plus, il est probable que la loi Æbutia ne supprima pas la procédure des actions de la loi, mais qu'elle introduisit seulement la procédure formulaire ; pendant plus d'un siècle, les parties eurent donc le choix entre deux procédures. (Cf. Girard, *op. cit.*, p. 970.)

Les deux lois Juliæ abolirent la procédure des actions de la loi pour ne laisser que la procédure formulaire ; toutefois, la procédure ancienne fut maintenue dans deux cas : en matière de *damnum infectum*, et devant le tribunal des Centumvirs, qui ne connut jamais que des affaires liées par *sacramentum*.

SECTION DEUXIÈME

Procédure formulaire.

L'instance se divise toujours en deux phases, le *jus* et le *judicium*, aussi nous aurons deux paragraphes identiques à ceux de la section précédente.

§ 1er: Du défaut « in jure ».

Le demandeur restait chargé de faire comparaître son adversaire.

L'*in jus vocatio* était encore le seul mode de citation (1). Si le défendeur résistait ou ne fournissait pas de *vindex*, il pouvait être traîné de force devant le magistrat. A côté de ce mode de comparution qui rappelait les mœurs primitives, le prêteur avait créé deux actions pour vaincre la résistance du défendeur : la première était accordée au demandeur ; c'était une action pénale et rédigée *in factum* (2). La seconde était accordée au tiers qui parvenait à faire comparaître le défendeur.

La *missio in possessionem* existait toujours et même elle pouvait aboutir à la vente ; de plus elle pouvait être accordée contre le *vindex,* en cas de

(1) Ce point est cependant discuté ; quelques auteurs prétendent que certains modes de citation, que nous retrouverons sous la procédure extraordinaire, existaient déjà sous la procédure formulaire ; il semble préférable d'admettre que s'ils existaient, ce n'était qu'à titre d'exception et dans les cas de *cognitio extra ordinem*. Cf. Girard, *op. cit.*, Procédure extraordinaire.

(2) Gaius, IV, 46.

non-comparution de la personne pour laquelle il était intervenu.

Ces nouveaux moyens de contrainte, créés par le prêteur, eurent pour effet de faire disparaître l'emploi de la force comme moyen de comparution.

Le *vadimonium*, qui existait sous les actions de la loi, pour promettre de revenir devant le magistrat si l'affaire n'était pas terminée le jour même, existait encore dans ce cas sous la procédure formulaire (1); mais son emploi s'était généralisé, et le *vadimonium* servait même pour promettre d'y venir une première fois; dans ce cas il était plutôt dénommé *cautio in jure sistendi*.

Cette promesse pouvait être faite au moment de l'*in jus vocatio*, en dehors de la présence du magistrat, *extra jus;* mais ses effets étaient moindres que si elle était faite *in jure*, car elle était alors suivie de la nomination de récupérateurs chargés de la faire exécuter (2).

Le plus souvent, cette promesse était accompagnée, en cas d'inexécution, d'une clause pénale. Si le défendeur faisait défaut, le demandeur pouvait agir *ex stipulatu* contre le défendeur ou ses cautions; s'il le préférait, il pouvait se faire envoyer en possession des biens du défendeur.

Dans toutes ces hypothèses, ces nouvelles garanties ne pouvaient prendre naissance que si le demandeur parvenait à trouver son adversaire pour l'appeler en justice. Mais si ce dernier en se cachant, par exemple, évitait l'*in jus vocatio*, on était en présence

(1) Gaius, IV, 184.

(2) Sur les différents *vadimonia*, cf. Keller : *Procédure*, p. 210.

d'un *indefensus,* cas que nous avons prévu et examiné sous les actions de la loi. Il en était de même lorsque le défendeur abandonnait l'instance, ou refusait d'accepter la formule lorsqu'il était présent.

L'*indefensus* (1) était soumis aux mêmes voies d'exécution que le *damnatus*. Sous la procédure formulaire l'exécution sur la personne était encore permise ; avec le temps, elle devint de plus en plus rare et l'exécution sur les biens prit de bonne heure la première place.

Cette dernière débutait par une *missio in possessionem bonorum* (2) ; elle pouvait aboutir à la *bonorum venditio* (3), ou valoir seulement comme mesure conservatoire.

Il y avait *bonorum venditio* s'il y avait eu faute de la part du défendeur, s'il s'était enfui ou caché pour éviter l'*in jus vocatio,* si ayant fourni la *cautio in jure sistendi* il ne s'était pas présenté, ou si étant présent il avait refusé de lier l'instance.

Toutefois le défendeur pouvait empêcher la vente et faire annuler l'envoi en possession, s'il parvenait à prouver que la demande était mal fondée et qu'elle aurait certainement échoué par l'effet d'une exception ou d'un moyen tiré du fond.

L'envoi en possession était seulement une mesure conservatoire, si le défendeur était incapable ou si

(1) De l'*indefensus* il faut rapprocher le *confessus incerti*. Pour plus de détails sur la *confessio*, cf. Girard, *op. cit.*, p. 976.

(2) Il semble que cette *missio* n'était pas précédée d'une *cognitio causæ*. Cf. Cicéron : *Pro Quinctio*, ch. XIX, § 60 ; *Gaius*, III, 220. Cette *missio* était portée à la connaissance du public au moyen d'affiches.

(3) Un nouveau décret du magistrat était nécessaire pour poursuivre la vente. D., l. 4, t. VI, loi 22.

2

son absence ne supposait ni dol ni faute (1), et avait lieu, par exemple, *reipublicæ causa.*

Pour résumer ce qui vient d'être dit sur le défaut du défendeur *in jure,* on peut poser le même principe que celui que nous avons formulé ci-dessus sous la procédure des actions de la loi : la non-présence du défendeur *in jure* empêche l'instance de se former; le défendeur doit être présent du commencement à la fin de cette première phase, car elle se termine par un acte qui exige le consentement des deux parties : l'acceptation de la formule. En cas de défaut du défendeur, le demandeur n'obtenait qu'indirectement ce qui lui était dû ; s'il parvenait à faire vendre les biens de son débiteur, c'était, non pas en vertu de l'*actio judicati,* mais par un moyen dérivé du droit prétorien.

Du défaut du demandeur nous n'en dirons que quelques mots. Il ne peut être question ni d'*absentia* ni de *latitatio.* C'était seulement dans le cas où les parties devaient revenir devant le magistrat que le demandeur pouvait faire défaut. Le procès ne pouvait pas certainement prendre forme, puisque la délivrance de la formule était impossible. De même que sous les actions de la loi, il est assez difficile, à cause de l'obscurité des quelques textes que l'on possède (2), de décider si le droit du demandeur était définitivement éteint ou si ce dernier conser-

(1) Keller déclare que l'absence du défendeur sans dol ni faute, mais sans excuse légitime, entraînait la vente des biens. Sur ce point, cf. Galinier : *De la procédure par défaut en droit romain,* thèse, Paris, 1885.

(2) Horace : *Satires,* l. I, 9 ; V, 35 ; Suétone : *Caligula,* XXX, 9 ; D., l. 5, t. I, loi 73, § 1 et 2.

vait l'avantage de pouvoir recommencer le procès. Si on pense qu'à ce moment de l'instance la *litis contestatio* (1) n'a pas encore eu lieu, peut-être serait-il plus prudent d'admettre que le demandeur conservait le droit d'agir une seconde fois.

Le rôle du magistrat se terminait par la rédaction de la formule et son acceptation par les deux parties. Le rôle du juge était déterminé par les énonciations qui étaient insérées dans cet écrit. Nous arrivons alors à la seconde phase du procès, à la phase *in judicio*.

§ 2 : Du défaut « in judicio ».

Alors que le défaut *in jure* fut l'objet de réformes assez nombreuses sous la procédure formulaire, le défaut *in judicio* resta soumis aux mêmes règles que sous les actions de la loi ; depuis la loi Æbutia, les progrès accomplis furent presque nuls. Peut-être pourrait-on chercher une explication de cette persistance des règles anciennes dans la comparaison du rôle du prêteur et de celui du juge. C'est le prêteur qui accomplit la plus grande partie des réformes relatives au défaut *in jure*, or il reste à l'écart dans la phase *in judicio*. Le juge n'a pas de pouvoirs suffisants pour créer une règle ou en abroger une autre ; il pouvait voir la nécessité de certaines réformes, mais il restait lié par les termes de la formule rédigée par le magistrat.

Quelque explication que l'on puisse fournir, cet

(1) La *litis contestatio* faisait naître un droit nouveau, le droit d'obtenir un jugement, mais éteignait le droit du demandeur. Sur la *litis contestatio*, cf. Girard, *op. cit.*, p. 981.

arrêt dans l'évolution de la procédure par défaut *in judicio* est certain. Cette étude ne présente donc qu'un intérêt restreint, aussi nous serons brefs sur ce point.

Il est peu probable qu'un *vadimonium* ait existé pour garantir la comparution des deux adversaires *in judicio* (1). Les deux parties pouvaient donc refuser de comparaître devant le juge, mais en réalité le défaut du défendeur était le plus fréquent.

Il semble toujours vrai de dire que le juge devait statuer le jour même, lorsque le défendeur faisait défaut. La majorité des auteurs prétend que le juge ne pouvait condamner qu'après plusieurs sommations, faites à plusieurs jours d'intervalle et destinées à rendre la mauvaise foi du défendeur plus évidente. Cette procédure désignée du nom d'*eremodicium* ne semble pas avoir existé sous la procédure formulaire (2). L'ancienne règle des XII Tables (*post meridiem præsenti litem addicito*) (3) est, croyons-nous, toujours appliquée.

Le juge est toujours obligé de condamner la partie défaillante, et c'est à tort, selon nous, que plusieurs auteurs admettent « qu'il se serait introduit avec le temps une procédure plus douce pour le cas de défaut du défendeur, que le juge aurait néanmoins

(1) Cette question a déjà été examinée sous les actions de la loi ; les textes qui y sont relatifs sont loin d'être explicites, et la réponse qui s'impose est la même que celle que nous avons donnée ci-dessus. Cf. défaut *in judicio* sous les actions de la loi, p. 13.

(2) Sur cette controverse, cf. Girard, *op. cit.*, p. 999, et les auteurs et textes cités même page, n. 3.

(3) XII Tables, I, 8. Cf. ci-dessus procédure *in judicio* des actions de la loi.

apprécié le mérite de la demande, et ne l'aurait admise que si elle lui avait paru justifiée, en étant seulement empêché de tenir compte des moyens qu'eût pu prouver le défendeur ». Au temps de Cicéron l'ancienne règle des XII Tables était encore appliquée et des textes postérieurs nous montrent que longtemps après il en était encore ainsi (1).

En cas de défaut du défendeur le demandeur obtenait donc dans tous les cas et sans délai un jugement en sa faveur.

Dans certaines hypothèses le demandeur pouvait, par d'autres moyens, obtenir la réparation du préjudice que lui causait le défaut de son adversaire. On peut supposer que le défendeur était tenu de fournir la *cautio judicatum solvi*, exigée en matière réelle ou dans les procès *alio nomine*, et alors en cas de défaut de la part de son adversaire le demandeur pouvait attaquer ces cautions. Toutefois il est important de remarquer que ce parti ne lui était pas imposé, et que s'il obtenait jugement les cautions étaient libérées ; dans ce cas il n'avait, en effet, subi aucun préjudice par suite de la non-comparution de son adversaire.

Le défendeur ne pouvait attaquer le jugement rendu par aucun moyen, mais, si son absence avait une cause légitime, il pouvait obtenir une *restitutio in integrum*.

Le demandeur, après avoir obtenu la formule, pouvait également faire défaut *in judicio*. Ce fait

(1) Cf. Girard, *op cit.*, p. 999, et les auteurs et passages cités en note, principalement Cicéron, *In Verr.* 2.2.17.41, et D. 4. 4. *De min.* 8. — D. 42. 8. *Quæ in fraud.* 3.1.

devait être rare car les conséquences de sa non-comparution étaient très graves; la *litis contestatio* avait éteint son droit et il lui était désormais impossible de recommencer son procès.

Avant de passer à l'étude du défaut sous la procédure extraordinaire, il convient de résumer l'ensemble des règles que nous venons d'étudier sous les actions de la loi et la procédure formulaire : ceci nous permettra de distinguer plus facilement l'étendue de la réforme qui va s'opérer dans la période suivante.

Jusqu'ici nous avons vu que le défaut de l'une des parties *in jure* empêchait l'organisation de l'instance ; le demandeur, ne pouvant engager son procès, réparait le préjudice qui lui était ainsi causé par des moyens détournés, dont le principal était la *missio in possessionem* qui, dans certains cas sous la procédure formulaire, aboutissait à la *bonorum venditio.*

In judicio tout défaut entraînait infailliblement et sans délai la perte du procès pour la partie qui refusait de comparaître ; en effet, était-ce le demandeur qui était défaillant, son droit était définitivement perdu par suite de l'effet extinctif de la *litis contestatio;* était-ce le défendeur il devait être condamné et le jour même.

La procédure formulaire avait apporté quelques réformes très utiles, mais elle n'était pas assez souple, et sur certains points elle n'était plus en rapport avec le degré de civilisation du peuple romain. Cette division du procès en deux phases était vieillie ; cette obligation pour le demandeur de procurer lui-même la comparution de son adversaire était trop rigoureuse ; ce concours des volontés des deux parties pour la liaison du procès rappelait trop le formalisme, qui était disparu presque complètement des contrats. Sur tous ces points des réformes étaient nécessaires.

Elles apparurent dans les provinces dès le début du troisième siècle. A Rome c'est seulement une constitution de 294 (1) qui substitua à l'*ordo judiciorum privatorum* la *cognitio extra ordinem*.

SECTION TROISIÈME

Procédure extraordinaire.

Sous la procédure extraordinaire, la division du procès en deux phases, le *jus* et le *judicium*, était inconnue. Le magistrat ne déléguait plus à un juge la connaissance de l'affaire ; il la retenait par devers lui et rendait lui-même la sentence.

Deux moyens étaient accordés au demandeur pour citer son adversaire en justice : la *litis denuntiatio* et le *libellus conventionis*.

La *litis denuntiatio* était la notification de la demande, faite par le demandeur avec le concours d'un magistrat ayant le *jus acta conficiendi*. Ce mode de citation existait déjà sous la procédure formulaire, mais seulement dans les *extraordinariæ cognitiones*.

Le *libellus conventionis* était une citation faite par le magistrat lui-même sur requête du demandeur.

(1) Cette date n'est pas universellement admise ; cependant elle est reçue par la majorité des auteurs. Cf. Girard, *op. cit.*, p. 1035.

Elle était signifiée au défendeur par un agent de ce magistrat et sur l'ordre de ce dernier. Le demandeur fournissait caution (1) ou prêtait serment de lier l'instance contradictoirement dans un délai déterminé et de rester jusqu'à la sentence. L'agent du magistrat, chargé de la notification, était responsable de la non-comparution du défendeur, aussi exigeait-il de ce dernier une promesse de comparaître garantie par une caution *(cautio judicio sisti)*. Si le défendeur ne trouvait pas de fidéjusseur qui voulût répondre pour lui, il était placé sous la garde de l'huissier et pouvait même être retenu en prison (2) jusqu'au jour de la comparution à l'audience. Sous Justinien le *libellus conventionis* était le mode de citation normal et ordinaire.

Le délai accordé au défendeur pour comparaître et préparer sa défense fut d'abord de dix jours à dater de la signification de la citation; ce délai fut porté à vingt jours sous Justinien (3).

Une transformation importante s'était opérée : à l'*in jus vocatio* de la procédure formulaire, œuvre du demandeur, s'était substitué un autre moyen qui avait pour but de mettre la force publique à la disposition du plaideur, qui avait l'intention d'intenter un procès.

A cette première réforme Justinien en ajouta une seconde plus importante encore : l'instance put désormais se former sans la présence des deux parties;

(1) Nov. 53, pr. et ch. I et II ; nov. 76, pr. et ch. I ; nov. 112, ch. II.

(2) Code, I, 3, 2 ; — VI, 9, 4.

(3) Nov. 53, ch. II, § 1.

le défaut du défendeur fut admis et réglé par le code, celui du demandeur par la novelle 112.

§ 1: **Défaut du défendeur**.

Actuellement le défendeur peut faire défaut dans deux hypothèses différentes, que l'on a dénommées défaut faute de comparaître et défaut faute de défendre. On peut transporter cette distinction dans le droit de Justinien ; elle n'a, il est vrai, rien de romain ; elle n'est pas énoncée en propres termes par les textes, mais elle concorde très bien avec les faits, et permet de mieux comprendre cette question entourée quelquefois de distinctions assez difficiles à préciser (1).

Il y avait défaut faute de comparaître si l'huissier envoyé par le magistrat pour notifier la citation ne trouvait pas le défendeur ou si ce dernier, bien qu'ayant fourni la *cautio in judicio sisti,* refusait de se présenter au jour indiqué.

Dans cette dernière hypothèse, le demandeur avait un recours contre la caution ; en outre le magistrat pouvait, sur requête du demandeur, après avoir constaté le défaut, condamner le défaillant à une amende ou ordonner qu'il soit amené de force (2). Si ces différentes mesures demeuraient sans résultat, il fallait recourir à la procédure contre les contumaces que l'on avait dénommée du nom d'*eremo-*

(1) Cette adaptation au droit romain de la distinction admise par notre code de procédure civile a été faite par plusieurs auteurs, notammen par Bonjean: *Traité des actions*, t. I, p. 541, et Galinier, thèse, *op. cit.*, p. 61.

(2) Nov. 53, ch. IV, pr.

dicium (1). Dans le premier cas, c'est-à-dire lorsque le défendeur n'avait pas eu connaissance de l'appel en justice, c'était à cette procédure que l'on devait recourir, seule mesure possible.

La procédure de l'*eremodicium* comprenait une série d'injonctions de comparaître, faites à dix jours d'intervalle. La première portait le nom de *primum edictum ;* si elle restait sans effet, elle était suivie de deux autres à des intervalles de dix jours au moins. Si toutes les trois étaient restées sans effet, on en venait à l'édit péremptoire, *edictum peremptorium,* lequel annonçait, qu'après une citation nouvelle, la cause, à l'examen de laquelle il avait été jusqu'alors sursis, serait définitivement jugée, qu'il y eût ou non comparution (2).

La loi permettait au juge, suivant la nature de l'affaire et les circonstances du procès, de réduire le nombre des édits et même de se borner à l'édit péremptoire, ce qui s'appelait *unum pro omnibus* (3).

Cette rigueur était compensée par quelques exceptions: ceux qui étaient absents *reipublicæ causa,* ou pour défendre une cause plus importante, les mineurs, les pupilles, les malades qui n'avaient pas de défenseur, ne pouvaient être taxés de contumace et soumis à la rigueur de l'*edictum peremptorium* (4).

Lorsque le dernier appel en justice était resté

(1) Le mot *eremodicium* vient de deux mots grecs qui signifient *deserta lis.*

(2) D., V, 1 ; *De jud.*, lois 68 à 71.

(3) D., V, 1 ; *De jud.*, loi 72.

(4) D., V, 1 ; *De jud.*, lois 74 et 75.

sans réponse l'affaire était entendue et jugée, mais le défendeur ne pouvait être condamné que si la demande était justifiée ; il perdait seulement le bénéfice de ses exceptions et de la preuve contraire.

En cas de condamnation du défendeur le demandeur pouvait obtenir, en recourant à la force publique, la restitution de la chose, si elle était possible. Sinon il faisait vendre par un officier du magistrat une quantité de biens suffisante pour se désintéresser (1).

Le débiteur défaillant pouvait, tant que la vente n'était pas consommée (ce qui exigeait des délais assez longs) (2), se faire relever du défaut en remboursant les frais faits et en garantissant sa comparution par une caution.

S'il s'agissait d'une *actio in personam* le demandeur ne pouvait s'écarter des règles ci-dessus ; au contraire il avait, en cas d'*actio in rem*, un autre moyen pour obtenir la possession de la chose. Il lui suffisait de faire une justification sommaire de son droit pour obtenir la possession provisoire de l'immeuble litigieux. Après le délai d'une année le défendeur était alors obligé, s'il voulait le recouvrer, d'agir comme demandeur au moyen de l'action en revendication.

Avant d'étudier le défaut faute de défendre il est un point intéressant à noter car nous verrons plus tard que le contraire est admis aujourd'hui : le défendeur pouvait appeler de la décision rendue en prétendant qu'il avait été à tort considéré comme

(1) C. I, 12, 6, § 3 et 4.

(2) La vente ne pouvait avoir lieu que deux ou quatre ans après le jugement. C. VII, 2, 10, pr. et § 1.

défaillant, ou que la procédure suivie n'avait pas été régulière; mais s'il triomphait il était cependant condamné aux frais, comme peine de sa désobéissance aux ordres du magistrat qui l'avait vainement appelé en justice.

Le défaut faute de défendre était plus rare; il avait lieu lorsque le défendeur ayant comparu une première fois refusait de comparaître une seconde pour réfuter les arguments de son adversaire.

Les dangers que le demandeur pouvait courir étaient de différente nature : les retards causés par ce défaut pouvaient lui être préjudiciables ; il pouvait craindre la péremption d'instance, qui laissait, il est vrai, subsister son droit, car la *litis contestatio* avait perdu son effet extinctif, mais qui l'obligeait néanmoins à recommencer le procès.

Si le défendeur avait fourni une caution le demandeur avait un recours contre elle ; mais ce recours pouvait être impossible ou rester sans effet, alors le demandeur était forcé de recourir à la procédure de l'*eremodicium* qui se déroulait d'une façon identique à celle que nous avons exposée ci-dessus (1).

Une seule différence existait entre le défaut faute de comparaître et le défaut faute de défendre, et encore cette différence n'était-elle possible, que s'il était intervenu un jugement condamnant le défendeur. La procédure de la vente des biens étant commencée pouvait être arrêtée moyennant caution par le défaillant faute de comparaître (2); s'il y avait eu

(1) Cf. ci-dessus, p. 26.

(2) Le défaillant pouvait être relevé de son défaut dans certains cas et à certaines conditions exposées ci-dessus, p. 27.

défaut faute de défendre, ce moyen de suspendre et d'arrêter la vente n'était plus accordé au défendeur condamné et la procédure suivait son cours sans arrêt possible (1).

Il est certain que sous la procédure extraordinaire le défaut du défendeur était le plus fréquent. Sous les actions de la loi et la procédure formulaire le défaut du demandeur était très rare à cause des conséquences graves qui en résultaient pour le défaillant, par suite de l'effet extinctif de la *litis contestatio*. Sous la procédure extraordinaire il y a toujours un moment du procès où se produit la *litis contestatio* (2) ; mais elle a perdu certains de ses caractères : elle ne transforme plus le droit déduit en justice, c'est-à-dire elle ne l'éteint plus pour le remplacer par un droit nouveau. Ce changement eut pour effet, non pas de rendre fréquent le défaut du demandeur, mais de le rendre moins rare.

§ 2 : **Défaut du demandeur.**

Le défaut du demandeur pouvait se produire lorsque le défendeur avait fourni ses défenses, ou avant qu'il ne se soit défendu.

Dans ce dernier cas deux partis s'offraient sous Justinien au défendeur présent. Il pouvait obtenir ce qui correspond à notre défaut congé, c'est-à-dire son absolution de l'instance. Un délai de dix jours devait s'écouler entre le jour fixé pour la comparu-

(1) C. III, 1, loi 13, § 3.
(2) Pour plus de détails sur ce point cf. Girard, *op. cit.*, p. 1044.

tion et le jour où l'absolution de l'instance était prononcée. Le demandeur était condamné aux frais, mais le défendeur restait exposé à une nouvelle poursuite (1).

Le défendeur pouvait préférer que l'affaire soit définitivement jugée, et cela était possible. Sur sa requête le magistrat procédait aux citations de l'*eremodicium ;* elles étaient au nombre de trois, mais les délais qui devaient s'écouler entre chacune d'elles étaient plus longs que ceux dont il a été fait mention ci-dessus (2) ; ainsi les deux dernières ne devaient être faites qu'à un an d'intervalle.

Si le demandeur restait toujours absent, le juge examinait la cause et rendait sa sentence ; en pratique le procès se terminait toujours par l'acquittement du défendeur. Si le demandeur réapparaissait avant le jugement, il pouvait reprendre l'instance à condition de payer tous les frais.

Lorsque le demandeur faisait défaut après que le défendeur avait fourni ses défenses, ce dernier ne pouvait en principe qu'obtenir une absolution *ab instantia* (3). Cependant si le terme de la péremption triennale était proche (4) il pouvait recourir à la procédure de l'*eremodicium* et faire juger définitivement le point litigieux. Le juge rendait alors son jugement. S'il était en faveur du demandeur (le fait devait être très rare) ce dernier était cependant condamné aux frais.

(1) Nov. 53, 1. — Nov. 69, 3, pr.
(2) Cf. ci-dessus, p. 26.
(3) Nov. 52, 1. — Nov. 59, 3, pr.
(4) C. III, 1, loi 13, § 5.

L'étude du défaut en droit romain terminée il convient de revoir d'un coup d'œil l'espace de temps immense que nous venons de parcourir, qui va de la fondation de Rome à Justinien, du VIIIe siècle avant J.-C au Ve siècle après.

Trois systèmes de procédure ont été successivement en vigueur : les actions de la loi, la procédure formulaire, la procédure extraordinaire.

Sous les deux premiers toute partie qui fait défaut *in jure* empêche l'instance de se former et rend tout procès impossible. Si c'est le défendeur qui fait défaut il est traité rigoureusement : on l'assimile au *damnatus*, et on le soumet aux mêmes voies de contrainte. *In judicio* le plaideur qui fait défaut perd son procès ; si c'est le demandeur son droit est définitivement perdu.

Ces rigueurs parurent de plus en plus excessives à mesure que le peuple romain se civilisa et, vers le IIIe siècle après J.-C., s'opéra une réforme qui fut complète sous Justinien.

Lorsqu'une partie fait défaut, on présume alors que le défaillant ignore l'appel en justice, et de nouvelles citations sont nécessaires pour rendre la mauvaise foi de l'absent plus évidente. Ce n'est qu'après certains délais que la partie présente peut obtenir une condamnation contre son adversaire, et encore faut-il qu'elle parvienne à prouver son bon droit et la justesse de sa cause.

Ces nouvelles règles étaient très sages et réalisaient un progrès sensible sur celles de la période précédente.

Il est à présumer que nous allons les rencontrer de nouveau, du moins pour la plupart, dans la législation canonique qui est une « héritière » de la législation romaine.

CHAPITRE DEUXIÈME

DU DÉFAUT EN DROIT CANONIQUE

Le droit canonique, comme tout droit, s'est transformé. Dans l'étude du défaut nous ne retracerons pas les traits caractéristiques de cette procédure aux diverses phases de son évolution.

Nous n'entreprenons cette étude que pour montrer quelle a été son influence sur le droit coutumier, aussi, il nous suffira d'étudier le défaut au moment où l'influence du droit canonique atteignit son apogée, c'est-à-dire vers la fin du XIIe siècle.

A cette époque la procédure en usage était celle du code et des novelles, modifiée par les décrétales. L'introduction de la procédure de Justinien fut une conséquence de l'importante révolution juridique qui se produisit au XIIe siècle. L'influence du droit canonique fut alors d'autant plus grande que, la puissance civile étant entre les mains d'une infinité de seigneurs, il avait été plus facile à la juridiction ecclésiastique de se donner tous les jours plus d'étendue.

Le procès s'engageait par la remise faite au juge par le demandeur d'un *libellus* où étaient exposées ses prétentions. Le juge faisait citer le défendeur, lui transmettait le *libellus* et fixait le jour où les parties devaient se présenter devant lui. Deux partis étaient possibles pour le défendeur: acquiescer à la demande ou la contredire. Dans ce dernier cas les deux adversaires revenaient devant le juge ; l'un présentait sa demande, l'autre y opposait une contradiction formelle, et c'est à ce moment que l'instance était véritablement formée et que s'opérait la *litis contestatio*.

Mais pour que cet effet puisse se produire il fallait que le défendeur obéisse à la citation. Certaines causes pouvaient l'en dispenser ; la maladie, la captivité, la clôture à laquelle un religieux était assujetti, étaient des excuses valables. Mais, hormis ces cas et quelques-uns analogues, la partie qui n'obéissait pas à la citation se plaçait en état de contumace. Toutefois, comme les conséquences en étaient graves, il fallait trois citations (1) successives, restées sans effet, pour que le défendeur puisse être considéré comme défaillant.

C'était le juge qui, d'après les circonstances, déterminait les délais à observer entre chaque citation ; ce détail est une différence entre la procédure canonique et la procédure romaine.

Il en existe une seconde: la présence des parties n'était plus garantie par la *cautio in jure sistendi*, aussi les conséquences qui, en droit romain, naissaient de l'exécution de cette promesse, étaient-elles tombées en désuétude.

Le défaut n'était pas constaté par le juge, mais « dans un bureau spécial qui était appelé au XIIIe

(1) De même qu'en droit romain le juge pouvait, dans certains cas, remplacer les trois citations par une seule : la citation péremptoire.

siècle à Reims *audiencia*, et qui était confié aux soins de notaires audienciers » (1).

Nous diviserons l'étude du défaut en droit canonique en deux sections: la première sera relative au défaut du défendeur; la seconde au défaut du demandeur.

SECTION PREMIÈRE

Défaut du défendeur.

De même qu'en droit romain sous les actions de la loi et la procédure formulaire, la *litis contestatio* produisait sur la demande des effets importants, et le défaut était soumis à des règles différentes suivant qu'il se produisait avant ou après. Nous aurons donc à examiner successivement les deux points suivants: le défaut avant la *litis contestatio ;* le défaut après. Enfin, pour en finir avec les distinctions, il nous faudra considérer si l'affaire était réelle ou personnelle.

Supposons que le défaut ait lieu dans une action réelle et avant la *litis contestatio.*

Dans le droit de Justinien deux voies se présentaient au demandeur: se faire envoyer en possession de la chose litigieuse après une preuve sommaire de son droit, ou suivre le procès jusqu'à la sentence. Ce dernier moyen n'existait plus en droit canonique.

Le juge, après la citation péremptoire, rendait à la requête du demandeur un décret par lequel ce dernier était envoyé en possession de l'immeuble

(1) Cf. Fournier: *Les officialités au moyen âge*, p. 153.

litigieux. Cette possession n'était pas transmise avec tous ses avantages; en effet le demandeur ne faisait pas les fruits siens; il devait les conserver pour le défendeur et s'il les dissipait il en était responsable. En réalité, il n'y avait donc qu'une simple détention (1).

Dans certains cas le juge pouvait même ordonner que la chose litigieuse soit placée sous séquestre et confiée à la garde d'une tierce personne. Il pouvait prendre ce parti lorsque le défendeur lui paraissait intéressant (2).

Cette mesure qui rappelait de loin la *missio in possessionem* du droit romain n'avait qu'un but : essayer de faire comparaître le défendeur. Si ce dernier se présentait les choses étaient remises au même état qu'avant le décret; il recouvrait l'immeuble avec les fruits qui avaient été perçus, déduction faite toutefois des dépenses exigées pour la conservation de la chose ou la perception des fruits.

Si le défendeur laissait s'écouler une année sans comparaître, le demandeur devenait de plein droit (3), par le seul fait de l'expiration de ce délai, possesseur au sens exact du mot de la chose litigieuse. Il faisait

(1) Certains jurisconsultes ont pensé que la possession accordée au demandeur était une véritable possession; ils ont invoqué quelques textes à l'appui de leur théorie (*Décrétales de Grégoire IX*, I, 31, 11, § 1 et 2, 14, 2). Cette controverse avait peu d'importance, car il était admis par tous les auteurs que le défendeur ne faisait pas les fruits siens. Cf. Fournier, *op. cit.*, p. 154.

(2) *Décrétales de Grégoire IX*, II, 14, 1, § 2.

(3) Certains canonistes exigeaient un second décret, analogue au premier, et n'admettaient pas que cet effet eût lieu de plein droit. Contra : *Décrétales de Grégoire IX*, I, 31, 11, § 1.

alors les fruits siens et pouvait exercer les actions possessoires.

Le défendeur n'avait qu'un moyen pour recouvrer son immeuble: l'action en revendication; mais alors le demandeur était devenu défendeur (1) à cette action, et la charge de la preuve (charge souvent très lourde) incombait à son adversaire.

Dans les actions personnelles, l'objet du procès ne pouvant pas, le plus souvent, donner lieu à un envoi en possession, on ne pouvait suivre une procédure identique. Toutefois un résultat analogue était obtenu par un autre moyen.

Le premier décret envoyait le demandeur en possession d'une partie des biens du défendeur suffisante pour acquitter la dette (2). Cet envoi en possession ne conférait pas au demandeur la possession véritable ; il avait le même but et finissait dans les mêmes conditions que la *missio in possessionem* que nous venons d'étudier dans les affaires réelles.

Cependant il convient de signaler quelques différences.

Tous les auteurs admettent en matière personnelle la nécessité d'un second décret, rendu par le magistrat, sur requête du demandeur après une nouvelle citation du défendeur.

Une seconde différence est admise par la majorité des auteurs; elle est relative au délai. Mais s'il est un

(1) Ceci formait une exception au droit commun qui admettait que, pour pouvoir être défendeur à l'action en revendication, il fallait avoir été possesseur pendant un certain temps. Dans notre hypothèse ce délai était supprimé pour punir le défaillant d'avoir désobéi à la loi.

(2) Cet envoi en possession portait d'abord sur les meubles et subsidiairement sur les immeubles.

point certain, celui que le délai d'un an admis en matière réelle n'existait pas en matière personnelle, on discute beaucoup sur le point de savoir quel était ce délai. Suivant les uns il était de dix jours seulement, suivant d'autres il pouvait être de cinq ans, et suivant quelques-uns il était laissé à l'arbitraire du juge. Il semble préférable d'adopter l'opinion de ces derniers, et d'admettre que le juge pouvait en fixer la durée suivant les circonstances (1).

De même qu'en matière réelle, le demandeur obtenait par ce second décret la possession véritable des biens qui avaient été l'objet d'une *missio in possessionem*. Quelquefois il pouvait obtenir plus : lorsque le défendeur se cachait frauduleusement, ou que la dette était liquide, il pouvait se faire attribuer en pleine propriété une partie des biens du débiteur égale à sa créance ; s'il le préférait il pouvait en faire vendre (2) une partie et se faire attribuer le montant de la vente.

Ainsi lorsque le défaut du défendeur se produisait avant la *litis contestatio* le jugement de l'affaire était impossible, et divers moyens de coercition étaient employés pour contraindre le défaillant à se présenter.

Au contraire si le défaut avait lieu après la *litis contestatio* le différend pouvait quelquefois être tranché.

Si l'instruction de la cause était suffisante, le juge rendait une sentence définitive en faveur de la partie dont il reconnaissait le bon droit.

(1) Cf. Fournier, *op. cit.*, p. 156.

(2) Lorsque la vente avait lieu la procédure suivie était identique à celle qui existait sous Justinien.

S'il donnait gain de cause au défendeur, ce dernier payait cependant les frais occasionnés par son défaut; nous avons vu qu'il en était ainsi sous Justinien.

Mais si l'instruction n'était pas assez avancée et ne permettait pas au juge de statuer en connaissance de cause, il ne rendait pas de jugement (1); alors il constituait le demandeur possesseur véritable, soit de l'objet litigieux s'il s'agissait d'une affaire réelle, soit de tout ou partie des biens du défendeur dans les affaires personnelles.

Le premier décret, organisant une simple détention de la chose *rei servandæ causa*, n'existait pas, et une seule décision du juge rendait le demandeur possesseur (2).

SECTION DEUXIÈME

Défaut du demandeur.

Le demandeur pouvait également faire défaut; on ne distinguait pas s'il avait lieu avant ou après la *litis contestatio*.

(1) Si par la faute du défaillant la sentence ne pouvait être rendue, ce dernier était en outre frappé de certaines peines spirituelles.

(2) Dans les causes spirituelles comme celles, par exemple, qui étaient relatives aux questions de validité de mariage, il était impossible de concevoir un envoi en possession. La seule mesure possible contre la personne qui refusait de comparaître était la prononciation des peines spirituelles. Ces peines consistaient en amendes, suspension ou privation du bénéfice, ou excommunication. Le juge avait le droit de proportionner la durée et la gravité de ces peines à la résistance du défendeur.

Dans presque toutes les causes spirituelles on ne distinguait pas si le défaut avait lieu avant ou après la *litis contestatio*. Quel que soit le moment auquel il se produisait le procès pouvait suivre son cours jusqu'à la fin, et le juge pouvait rendre sa sentence.

Un seul fait était à considérer : la procédure était-elle assez avancée pour permettre au juge de statuer ? Si ce dernier pouvait rendre sa décision en connaissance de cause, la sentence qu'il prononçait était définitive ; sinon il ordonnait au défendeur de se retirer en faisant supporter les frais du procès à la partie absente.

Le droit du demandeur n'était pas définitivement perdu, car il pouvait recommencer le procès. Toutefois, des conséquences graves pour le défaillant pouvaient résulter de ce retard.

Que doit-on conclure de cette étude du défaut en droit canonique ? On peut dire que presque toutes les règles admises sous Justinien sont également acceptées en droit canonique. Cependant, cette dernière procédure est moins formaliste que la procédure extraordinaire que nous avons étudiée en droit romain ; ainsi, en ce qui concerne les délais, une plus grande part d'initiative est laissée au juge ; mais il faut reconnaître que sur un point important le droit canonique applique les règles de la procédure formulaire : le défaut du défendeur avant la *litis contestatio* empêche la formation du procès.

Cette procédure du droit canonique était une procédure dans le sens exact et scientifique du mot ; elle garantissait les intérêts de tous sans les compromettre ; elle était supérieure à celle suivie devant les tribunaux civils. Aussi il fut très naturel de voir une partie des règles admises dans les juridictions ecclésiastiques passer dans notre droit coutumier.

Cette influence du droit canonique fut favorisée au XIIe siècle par la remise en vigueur des études de droit romain, et par là même du droit canonique qui en était dérivé.

Il ne sera pas sans intérêt de rechercher et d'étudier les diverses phases par lesquelles notre procédure du défaut a passé avant de subir l'influence du droit canonique. Cette étude nous permettra de mieux distinguer les causes et l'importance de cette influence.

CHAPITRE TROISIÈME

DU DÉFAUT EN DROIT COUTUMIER

Dans une première section nous étudierons la procédure du défaut dans le très ancien droit français.

Cette étude comprendra quatre paragraphes relatifs :

1° au défaut chez les Gaulois,
2° au défaut dans la loi Salique,
3° au défaut sous les Mérovingiens,
4° au défaut sous les Carolingiens.

SECTION PREMIÈRE

Très ancien droit français.

§ 1er : Du défaut chez les Gaulois.

On ne connaît presque rien de la procédure des Gaulois, et encore moins de celle du défaut. Il est certain toutefois que la puissance publique n'intervenait que lorsqu'il s'agissait de crimes contre la sûreté de l'État. Mais dès que l'État n'était plus directement intéressé, les crimes et les délits contre les particuliers étaient assimilés aux contestations civiles, et ces deux questions se réglaient de la même façon.

On discute beaucoup sur le point de savoir par quels moyens on pouvait mettre fin aux contestations privées.

Suivant certains auteurs (1) deux voies se présentaient au demandeur : la première consistait à employer la force (2); le créancier accompagné de ses parents se rendait au domicile de son débiteur, reprenait l'objet de la contestation et en enlevait une certaine quantité d'autres à titre d'indemnité.

Quand le demandeur n'avait pas recours à la force, les parties pouvaient s'adresser à un tribunal arbitral composé d'hommes ayant leur confiance. Les druides, qui étaient considérés comme investis d'une puissance surnaturelle et presque divine, étaient désignés tout naturellement pour remplir le rôle d'arbitres (3) lorsque les deux parties y consentaient.

Pour les partisans de cette théorie, la conquête romaine eut pour effet de faire connaître aux Gaulois ce principe formulé dans la loi des douze tables, qui condamnait l'exercice de la vengeance privée. Dès lors toute personne investie de la personnalité juridique eut le droit d'appeler son adversaire devant le magistrat, mais en revanche elle perdit le droit de se faire justice elle-même (4).

(1) Cf. entre autres D'Arbois de Jubainville : *Des attributions judiciaires de l'autorité publique chez les Celtes*, *Revue Celtique*. 1886, t. VII, p. 2.

(2) M. de Valroger (*la Gaule Celtique*, p. 181) prétend que le caractère batailleur des Gaulois rendait cette hypothèse seule probable.

(3) César : *De bello Gallico*. VI, 13, 14.

(4) D'Arbois de Jubainville, *loc. cit.*

Suivant d'autres auteurs (1) le rôle des druides aurait été tout autre même avant la conquête romaine; ils ne remplissaient pas seulement le rôle d'arbitres, mais encore ils prononçaient des peines établies par la loi; les parties étaient tenues d'exécuter la sentence, ou, en cas de refus, elles étaient frappées d'une sorte d'excommunication qui les mettait hors la loi.

La conquête romaine n'aurait pas alors eu pour effet de mettre fin à la vengeance privée et d'organiser les instances, mais de substituer à la procédure existante la procédure formulaire, telle que nous l'avons vue fonctionner à Rome avec ses deux phases, le *jus* et le *judicium*. Elle-même aurait été remplacée peu après par la procédure extraordinaire (2) qui fit son apparition dans les provinces avant d'exister à Rome même.

Il est très difficile, en présence du peu de documents que nous possédons, de faire un choix entre ces deux théories. Il est un fait incontestable, c'est que la procédure irlandaise, connue d'après des documents du XIVe siècle, ressemble sur plusieurs points à celle exposée par la première théorie; or il n'est pas invraisemblable d'admettre que le peuple irlandais ait conservé des coutumes, identiques à celles des Gaulois à une époque antérieure à la conquête romaine; la communauté d'origine de ces deux peuples légitime cette supposition (3).

(1) Cf. Glasson: *Histoire du droit et des institutions de la France*, t. I, p. 122.

(2) *Id.*, t. I, p. 524.

(3) Cf. D'Arbois de Jubainville, *loc. cit.*

Quel que soit le parti que l'on prenne, il est probable que ces procédures devaient, si elles admettaient le défaut, le réglementer d'une façon rigoureuse. Il nous faut attendre la période suivante pour avoir des documents qui nous permettront de poser des règles plus précises.

A la chute de l'empire d'Occident la Gaule se divisa entre certains peuples barbares dont les principaux étaient : les Wisigoths, les Burgondes et les Francs. Des lois furent faites, mais, en ce qui concerne la procédure, il faut remarquer que le principe de la personnalité ne fut jamais appliqué et sur ce point les Gallo-Romains furent assimilés aux barbares.

Les principales lois furent: la loi Ripuaire, la loi Salique, la loi des Wisigoths et celle des Burgondes.

Elles présentent toutes beaucoup de traits communs, aussi nous n'étudierons que l'une d'entre elles: la loi Salique. Ce choix est facile à justifier; c'est cette loi qui, par suite des effets de la conquête, devait jouer le rôle le plus important; sur le point qui nous intéresse c'est elle qui contient le plus de renseignements; enfin, ayant été rédigée peu de temps après l'invasion des Francs Saliens, elle n'avait pas subi les influences chrétienne et romaine (1); pour tous ces motifs c'est la loi Salique qui nous fera le mieux connaître la procédure du défaut chez les barbares.

(1) L'invasion des Francs Saliens eut lieu au début du Ve siècle ; la loi Salique date de 486, avant la conversion de Clovis.

§ 2 : Du défaut dans la loi Salique.

Ce paragraphe comprendra deux points : le premier sera relatif aux affaires civiles, le second aux affaires délictueuses. Cette dernière question semble exclue par le titre même de cette thèse ; mais, dans la période qui va suivre, nous verrons les deux procédures du défaut se confondre, et il est nécessaire pour bien comprendre l'évolution qui va se produire de connaître ce qui existait sous l'empire de la loi Salique.

A. *Des affaires civiles.*

Ce qui frappe au premier abord dans la procédure, ce sont les analogies avec la procédure primitive du droit romain, avec les actions de la loi.

« Le caractère essentiel de la procédure franque, comme celui de l'ancienne procédure romaine, consiste en ce qu'elle est l'œuvre de la partie privée, bien plus que celle de la puissance publique » (1). Ces procédures sont également formalistes comme toute procédure primitive.

A cette époque on ne connaît pas encore les contrats consensuels ou synallagmatiques ; sous la loi Salique les contrats se formaient nécessairement *re* ou *verbis, ex re præstita* ou *ex fide facta.*

Les contestations en matière civile débutaient par des voies d'exécution : le *testare,* c'est-à-dire une sommation faite par le créancier à son débiteur d'exécuter l'obligation, payer la somme due ou

(1) Cf. Glasson : *Histoire du droit,* t. III, p. 390.

rendre la chose prêtée (1). Cette sommation était faite en présence de trois témoins. Le débiteur ne pouvait pas contester la dette; il pouvait seulement payer ou refuser, c'est-à-dire exécuter ou non l'obligation.

Si le débiteur refusait de payer il était assigné au moyen de la *bannitio*, pour comparaître devant le comte à un jour déterminé (2). Cette assignation était faite par le demandeur en présence de trois témoins. On ne connaît pas exactement le délai qui devait s'écouler entre l'assignation et le jour de comparution; il était probablement de quarante nuits.

En même temps le demandeur obtenait du comte sur les biens de son débiteur une sorte de saisie générale, qui lui permettait d'annuler les aliénations et les paiements postérieurs faits en fraude de ses droits. Cette mainmise sur les biens était signifiée au débiteur de la même façon que la *bannitio* et était accompagnée d'une nouvelle sommation de payer.

Au jour fixé pour la comparution, le défendeur pouvait faire défaut; il était alors assigné plusieurs fois, mais il encourait à chaque fois une amende de quinze sous. D'après la loi Salique le défendeur défaillant devait être réassigné trois fois (3).

S'il refusait de comparaître au jour fixé par le dernier ajournement, le demandeur pouvait requérir du comte d'être mis à ses risques et périls en

(1) Cf. Sohm : *Procédure de la lex Salica*, p. 7, et Pardessus : *Lex Salica*, 50, § 1, p. 28.

(2) Le comte était un représentant du roi qui, en ce qui concerne la justice, était chargé de la direction de la procédure et de l'exécution des jugements. Ce n'était pas un juge ; la sentence était rendue par les hommes les plus considérables de la cité que l'on appelait les Rachimbourgs.

(3) Pardessus : *Lex Salica. Dissertations*, p. 599.

possession des biens du débiteur. Le comte, accompagné de sept rachimbourgs, se rendait à la demeure du débiteur et le sommait une dernière fois de payer; si ce dernier refusait, le comte déclarait le créancier propriétaire d'une partie des biens du débiteur, égale au montant de la dette.

Le demandeur pouvait également faire défaut; on délivrait alors au défendeur un simple congé de l'ajournement, donnant acte de la non-comparution de son adversaire; cet acte s'appelait *solsadia* (1). Le défaillant était tenu de payer l'amende de quinze sous, mais il conservait son droit et pouvait renouveler l'assignation.

La loi Salique admettait des excuses : ainsi l'absence pour le service du roi entraînait la nullité de toute la procédure postérieure à la première assignation.

Si les deux parties comparaissaient, un jugement contradictoire était rendu; s'il y avait condamnation du défendeur, ce dernier devait exécuter le jugement sans retard, ou le comte procédait à la saisie comme en cas de défaut (2).

Lorsqu'il s'agissait de la revendication d'une chose mobilière la procédure se rapprochait dans certains cas de celle que nous venons d'exposer; dans d'autres on suivait des règles presque identiques à celles appliquées dans la procédure d'une affaire délictueuse à laquelle nous arrivons (3).

(1) Cf. Pardessus, *op. cit.*, p. 600.

(2) Cf. Duparquet : *L'opposition*, thèse, Paris, 1896, et Pardessus, *op. cit.*, p. 606.

(3) Sur la revendication des meubles, cf. Sohm, *op. cit.*, p. 35.

B. *Des affaires délictuelles.*

Le premier acte de la procédure était la *mannitio* (1); c'était un appel en justice qui avait pour but de sommer le défendeur de comparaître à l'expiration d'un certain délai, et de lui faire connaître l'objet du litige.

Il est assez probable que cette assignation devait, dans quelques cas graves, être précédée d'un ordre du comte. Le délai entre le jour de l'assignation et celui de la comparution était de quatorze nuits (2).

Cette *mannitio* créait pour le défendeur l'obligation de comparaître; au jour fixé s'il était absent, il encourait une amende de quinze sous, excepté dans le cas d'excuse légitime (3). Le demandeur était également par sa propre *mannitio* tenu de comparaître au tribunal sous peine de la même amende.

Lorsque les deux parties étaient présentes devant le juge, le demandeur devait, pour la seconde fois, formuler sa demande et sommer son adversaire de reconnaître ou de nier le fait délictuel: c'était le *tangano*. Le défendeur devait y répondre sous peine d'une amende.

En cas de négation du fait par le défendeur les rachimbourgs procédaient à la preuve avant de rendre leur jugement.

(1) En cas de flagrant délit la *mannitio* était supprimée, et la victime du délit conduisait aussitôt le délinquant devant le juge. Sohm, *op. cit.*, p. 86.

(2) Cf. Glasson: *Histoire du droit, op. cit.*, t. III, p. 405.

(3) Sohm, *op. cit.*, p. 85.

Si le défendeur refusait de comparaître il était déclaré défaillant; mais les conséquences du défaut sont incertaines.

Le texte qui donne lieu à la controverse est celui du titre LVI de la loi Salique qui contient ce qui suit: « *si quis ad mallum contempserit, aut quod a rachimburgiis judicatum fuerit adimplere distulerit* ». Doit-on traduire *aut* par *et* ou bien par *ou*? Ce seul mot a fait naître une vive controverse.

Au premier abord on serait tenté de traduire *aut* par *ou*; c'est, en effet, le sens ordinaire de ce mot; mais il est certain que dans la loi Salique *aut* signifie tantôt *ou* et tantôt *et*. Il faut donc chercher ailleurs l'argument décisif. Il semble assez difficile d'assimiler le défaillant au jugement au défaillant à la *mannitio*; de plus un capitulaire mérovingien établit des différences entre ces deux défauts (1). Aussi il est plus prudent et plus logique de traduire *aut* par *et*.

Suivant que l'on admet ou non cette théorie les conséquences du défaut étaient assez différentes.

Si on prend *aut* dans le sens alternatif, le défaillant à la *mannitio* était assimilé à celui qui refusait d'exécuter un jugement et était déclaré hors la loi, ainsi que nous allons le voir dans un instant. Si on admet que *aut* signifie *et*, la solution ci-dessus n'est plus possible ; mais les conséquences de ce défaut à la *mannitio* sont discutées. Suivant certains auteurs le défaillant était cité directement devant le tribunal du roi, et la mise hors la loi était le résultat d'une

(1) Glasson: *Histoire du droit, op. cit.*, t. III, p. 422 ; Sohm, *op. cit.*, p. 116 et suivantes.

mannitio inutile. Suivant d'autres, le défendeur était réassigné trois fois, et, le dernier délai expiré, le demandeur obtenait un jugement qui condamnait purement et simplement son adversaire défaillant. Cette dernière opinion semble préférable (1).

Lorsque le jugement était contradictoire le débiteur devait promettre ou refuser d'exécuter la condamnation ; s'il promettait et exécutait le procès était terminé ; s'il n'exécutait pas bien que l'ayant promis on suivait la procédure que nous avons vue fonctionner dans les affaires civiles, car il y avait eu promesse de sa part (2). S'il refusait d'exécuter le jugement, mais sans l'avoir promis, on suivait une procédure spéciale.

Le demandeur ajournait son adversaire devant le roi. L'inculpé ne pouvait prendre part à cette nouvelle instance ; il pouvait seulement la détourner en exécutant, et éviter ainsi une condamnation plus rigoureuse.

S'il refusait d'exécuter ou faisait défaut un jugement du roi mettait le défaillant hors la loi.

Le banni et ses biens étaient désormais en dehors de toute protection légale. Celui qui lui donnait à manger ou à boire était puni, fût-ce même sa femme. « Le banni n'avait plus rien à lui, ni maison, ni femme, ni famille ; il ne pouvait se reposer deux nuits sous le même toit ; il n'avait pas de lit, pas de nourriture, il ne buvait que de l'eau ; il était devenu

(1) Glasson, *op. cit.*, t. III, p. 412 ; Sohm, *op. cit.*, p. 103.

(2) Cf. ci-dessus, p. 47.

un loup sauvage » (1). Tel est le sombre tableau que l'on a fait du banni.

Pour conclure on peut dire que la loi Salique se bornait à réprimer le défaut; lorsque le défaillant refusait d'exécuter le jugement qui avait suivi le troisième appel en justice, la répression était dure et cruelle; les conséquences du défaut étaient alors aussi rigoureuses qu'en droit romain sous les actions de la loi. De peuples aussi peu civilisés que les Francs il ne faut pas s'étonner si l'idée de justice était méconnue à un tel point.

Malgré sa rigueur, la procédure délictuelle était supérieure à celle suivie en matière civile ; elle accordait un rôle moins effacé au magistrat, et se rapprochait davantage des formes modernes.

Dans la période suivante, c'est-à-dire sous les Mérovingiens, les deux procédures de la loi Salique se confondirent.

§ 3: Du défaut sous les Mérovingiens.

Sous les Mérovingiens la procédure, sous l'influence des mœurs nouvelles, se transforma peu à peu; il suffit d'examiner l'édit de Chilpéric et la loi des Ripuaires pour se rendre compte du changement produit.

D'après l'édit de Chilpéric le défendeur n'est plus tenu de promettre d'exécuter le jugement ; cette obligation est supprimée et on passe de suite, en cas de non-exécution, à la procédure *in contumaciam*. Mais il n'y a plus lieu à la mise hors la loi qu'autant

(1). Sohm, *op. cit.*, p. 121.

que le défendeur coupable et insolvable s'est enfui et a rendu toute exécution impossible.

Ces réformes, relatives seulement à l'origine à la procédure *ex delicto*, furent étendues ensuite à la procédure *ex contractu*.

Dans la loi des Ripuaires on remarque également des changements importants. La procédure d'exécution disparaît et le *testare* par conséquent. Il ne reste plus que la procédure par *mannitio* et encore elle-même se transforme; elle devient moins formaliste, le défendeur cesse d'être tenu d'avouer ou de nier l'accusation.

Sous la loi Salique, nous avons vu que la procédure par défaut aboutissait à la mise hors la loi et à la confiscation des biens du défaillant au profit de l'État. Il est probable, qu'après des formalités que nous ignorons, l'État remettait aux créanciers une quantité de biens égale au montant de la dette. D'après la loi des Ripuaires les créanciers étaient traités plus favorablement: la procédure par défaut aboutissait à l'exécution directe sur les meubles; si le créancier était payé, ce n'était plus par faveur, mais en invoquant un droit.

Sous les Mérovingiens on constate donc qu'il n'existait plus, pour les affaires civiles et délictueuses, qu'une seule procédure se rapprochant beaucoup de la procédure *ex delicto* de la période précédente: toutefois cette dernière avait perdu certains de ses traits caractéristiques; elle s'était simplifiée et aboutissait à l'exécution directe sur les meubles.

Sous les Carolingiens la procédure continue à se transformer et à s'améliorer.

§ 4 : Du défaut sous les Carolingiens.

Nous avons vu que sous la loi Salique deux moyens de citation étaient possibles : la *bannitio* en matière civile, la *mannitio* en matière délictuelle. On discute sur le point de savoir si le demandeur pouvait, sous les premiers Carolingiens, agir à son gré par *mannitio* ou *bannitio* ? Il est assez difficile de se prononcer à cause de l'insuffisance des textes ; toutefois, il est certain que depuis Louis le Débonnaire le demandeur n'était plus libre dans son choix : la *bannitio*, assignation sur l'ordre du comte, était devenue la règle (1).

Le défendeur n'était considéré défaillant qu'après un certain nombre de citations, trois sous la loi Salique, sept sous la loi Ripuaire. Charlemagne en exigea quatre, et décida que le plaideur qui ne comparaîtrait pas serait passible d'une amende de quinze sous à chaque fois.

Lorsque le défendeur était présent et répondait à la demande de son adversaire par une contradiction formelle, un jugement interlocutoire était rendu sur la preuve. Celui qui en était chargé obtenait à cet effet un délai de quarante nuits, mais il devait promettre de se représenter ; s'il manquait à sa promesse, il était considéré, le délai écoulé, comme n'ayant pas fait sa preuve et par là même perdait son procès.

Au moment où la sentence était rendue, les plaideurs, chacun séparément, devaient acquiescer au

(1) Cf. Glasson : *Histoire du droit, op. cit.*, t. III, p. 444.

jugement rendu par les Scabins (1) ou déclarer qu'ils en appelaient. Toute partie qui refusait de prendre un de ces deux partis était mise en prison jusqu'à ce qu'elle ait fait son choix (2). Cette règle est formulée dans un capitulaire de 805. La sentence n'avait par elle-même aucune force ; elle ne s'imposait pas aux parties ; le juge se bornait à dire le droit et à concilier les plaideurs (3).

Pour l'exécution du jugement la présence et le consentement des deux parties étaient donc nécessaires ; mais il n'en était ainsi que si le jugement était contradictoire ; un des deux plaideurs pouvait faire défaut au début ou au cours de l'instance ; nous allons voir quelles en étaient les conséquences.

Si le défendeur refusait de répondre à la *bannitio* ou à la *mannitio,* il encourait une amende de quinze sous s'il n'avait pas d'excuse légitime, et, le délai accordé par la dernière citation étant expiré, le comte prononçait la *missio in bannum,* c'est-à-dire la confiscation des biens du débiteur défaillant.

Pour le moment cette situation n'était que provisoire, et, si dans le délai d'une année le défendeur consentait à comparaître, il rentrait en possession de ses biens. Mais après le délai d'une année, la con-

(1) Les Scabins étaient des hommes libres qui furent substitués aux Rachimbourgs et transformés en fonctionnaires royaux ; ils avaient la mission permanente de rendre la justice ; ils étaient nommés par le comte avec la participation du peuple.

(2) Cette règle existait sous la loi Salique et se conserva pendant longtemps ; elle existait encore sous la féodalité.

(3) Il en a été ainsi dans presque toutes les sociétés primitives ; à Rome, cette règle existait sous les actions de la loi ; il en est encore ainsi actuellement dans les principales villes de province de Tunisie. Cf. *Revue des Deux-Mondes,* 15 fév. 1887, p. 807.

fiscation, de provisoire qu'elle était tout d'abord, devenait définitive ; le fisc était devenu propriétaire des biens du défaillant ; il était substitué à ce dernier et s'il reconnaissait fondée la prétention du demandeur il était tenu d'acquitter le montant de la dette, d'abord sur les meubles, et, en cas d'insuffisance, sur les immeubles.

Suivant quelques auteurs cette procédure était suivie dans le cas où le défendeur condamné refusait d'exécuter le jugement. Il est très possible qu'il en ait été ainsi, mais les textes que nous possédons sont trop peu nombreux et surtout trop peu affirmatifs pour que l'on puisse prendre une décision certaine.

Les règles que nous venons d'exposer s'appliquaient lorsque le défendeur faisait défaut dès le début du procès ; elles pouvaient se trouver modifiées si le défaut se produisait après. Si le défendeur faisait défaut, par exemple, au moment où il devait prêter serment, il était considéré comme ayant refusé de le prêter et perdait son procès ; il encourait de plus une amende.

Pour terminer il reste quelques mots à dire du défaut du demandeur. S'il était absent le jour fixé pour la comparution devant le juge, il était passible d'une amende, mais conservait le droit de renouveler son procès. S'il faisait défaut sur la preuve, les conséquences étaient plus graves, car le défendeur obtenait gain de cause. Cependant à partir de Louis II il semble qu'il n'en était ainsi que si le défendeur parvenait à faire la preuve de son droit (1).

(1) Glasson : *Histoire du droit, op. cit.*, t. III, p. 456.

A l'ancienne procédure par défaut de la loi Salique qui conduisait à la mise hors la loi et à la confiscation des biens, procédure à la fois rigoureuse pour le débiteur et gênante pour le créancier, s'était substituée une procédure en même temps plus douce pour le défaillant, et garantissant d'une façon plus complète les droits de son adversaire.

Ces règles du défaut relativement assez simples se compliquèrent dans la période suivante sous l'influence de causes diverses dont l'étude fera l'objet de la prochaine section.

SECTION DEUXIÈME

Du défaut à l'époque féodale (1).

Le procès commençait par l'appel du défendeur en justice: la *semonce ;* on disait aussi *atermement* ou *ajournement,* et vers la fin du XIIIe siècle cette dernière expression était seule usitée. Mais à l'origine ces deux expressions n'avaient pas le même sens : la *semonce,* adressée par le seigneur à son vassal, était une sommation de remplir les devoirs féodaux ; l'*ajournement* contenait injonction de comparaître devant une juridiction quelconque.

(1) La procédure de cette époque a été souvent désignée du nom de procédure féodale ; « l'organisation judiciaire a, sans nul doute, un caractère féodal ; mais la procédure suivie dans les justices seigneuriales ne diffère guère de la pratique des justices royales. L'expression procédure coutumière serait moins inexacte, parce que les règles de cette procédure étaient tracées par la coutume bien plus que par des textes positifs ». Cf. Tardif : *Procédure civile au XIVe siècle,* p. 3.

De même que la *bannitio* carolingienne, la *semonce* émanait du seigneur sur requête du demandeur.

Le délai ordinaire de comparution était pour les gentilshommes de sept ou quatorze nuits; cet ancien mode de compter les délais s'était conservé dans toutes les coutumes. Ce délai était franc.

Lorsque l'heure de la comparution n'était pas fixée dans la *semonce*, le défendeur pouvait comparaître dans la matinée, du lever du soleil à midi; si l'*ajournement* était donné pour « la relevée ou pour les vêpres », la comparution était possible depuis midi jusqu'au coucher du soleil.

Le vilain ou roturier pouvait être ajourné par le seigneur de son domicile le matin pour le soir ou le soir pour le lendemain au matin, à moins qu'il n'y eût quelque charte qui le mît en dehors du droit commun (1).

Le délai de comparution devant le parlement n'était pas rigoureusement déterminé; on devait laisser à la partie ajournée « le temps nécessaire pour préparer sa valise et réunir l'argent et les pièces indispensables » (2).

Au jour fixé pour la comparution, les parties devaient se présenter pour lier l'instance par des formules solennelles; mais en pratique ce jour était souvent prorogé, car tout plaideur pouvait déclarer qu'il ne viendrait pas, ou justifier d'un empêchement

(1) En Artois et en Normandie cette règle n'était pas suivie pour les questions de propriété.

(2) Tardif, *op. cit.*, p. 52.

légitime; dans le premier cas la partie invoquait un *contremand*, une *exoine* dans le second.

Ces deux mots d'une signification très différente à l'origine furent quelquefois employés l'un pour l'autre à la fin du XIIIe siècle.

Le *contremand* ou *respit* (1) était une déclaration faite au nom de la partie citée pour avertir son adversaire qu'elle ne se présenterait que dans quinze jours. Le plaideur qui contremandait n'alléguait aucun motif pour justifier ce délai qu'il s'accordait à lui-même.

En principe on pouvait faire trois *contremands* de quinzaine en quinzaine (2) ; toutefois cette règle n'était admise que dans les affaires importantes ; ainsi, certaines affaires mobilières ne pouvaient être l'objet d'un *contremand*. De même il était admis que le vassal ne pouvait pas contremander la *semonce* de son seigneur, ou un plaideur quelconque refuser de comparaître lorsque la demande était basée sur un acte authentique.

Quand on avait épuisé les délais de *contremand*, on pouvait encore se dispenser de comparaître en présentant des *exoines* (3) ou excuses légitimes.

De la personne qui avait ce droit on disait qu'elle pouvait *se essoniare*, et la personne qui était chargée de présenter l'excuse s'appelait *essoniator*. Si elle-même était empêchée elle pouvait également se faire représenter.

Il est certain que les cas dans lesquels on pouvait

(1) Sur la formule ordinaire du contremand, cf. Beaumanoir, III, 12.
(2) Beaumanoir, III, 3, 7, 22; *Très ancien Coutumier de Normandie*, LVII.
(3) Glanville, I, 22, 23 ; Beaumanoir, II, 3.

invoquer une *exoine* étaient différents suivant les coutumes ; cependant certaines excuses étaient admises dans toute la France, par exemple : la maladie, l'absence, l'interruption des communications.

L'*exoine* pouvait être proposée dans toute affaire, à toutes les phases du procès et par les deux plaideurs ; si on commençait par *essonier* on ne pouvait plus *contremander* (1).

Le *contremand* renvoyait, nous venons de le voir, l'affaire à un jour déterminé, à quinzaine ; il n'en était pas de même de l'*exoine* : elle était faite « sans jour », puisqu'on ne pouvait le plus souvent déterminer à l'avance le moment où l'on serait en mesure de se présenter devant le juge ; aussi le plaideur qui avait *essonié* devait être réajourné.

L'*exoine* et le *contremand* pouvaient donner lieu à une contestation ; pour celui qui ne parvenait pas à justifier l'*exoine* la conséquence était grave, c'était la perte du procès.

Il est assez difficile de justifier l'usage du *contremand ;* les abus auxquels il donna lieu furent la cause de sa prompte disparition ; vers le XIVe siècle il n'existait plus (2). L'*exoine* lui survécut pendant quelque temps (3).

Quand on n'avait aucun *contremand* ni aucune *exoine* à produire, ou lorsqu'on avait épuisé les délais qui en résultaient, on était tenu de comparaître, sinon on était déclaré défaillant.

(1) Beaumanoir, III, 10.

(2) Cette possibilité pour un plaideur de retarder le jour de sa comparution existait également en Angleterre, et se conserva plus longtemps que chez nous. Cf. Glasson : *Angleterre*, t. II, p. 412 et suivantes.

(3) Bouteiller, I, 4.

La procédure du défaut resta assez longtemps soumise à quelques-uns des anciens principes établis sous les Carolingiens, et qui remontaient même en partie à l'époque franque. Ainsi la condamnation à l'amende et la saisie des meubles du défaillant étaient des règles de la procédure carolingienne, qui se conservèrent longtemps encore dans certaines contrées.

Certains points se modifièrent sous l'influence du droit romain et du droit canonique. Mais la réforme qui se produisit n'eut pas la même étendue dans toute la France ; elle fut plus importante dans le Midi que dans le Nord (1). A cette double influence il faut joindre l'autorité royale : Saint Louis ne voulut pas admettre la procédure ecclésiastique au moment où il combattait les juridictions d'église (2), et principalement dans son ordonnance de 1260 il posa quelques règles nouvelles. Mais ces prescriptions royales n'eurent d'effet que dans les juridictions du roi et non auprès des seigneurs. Cette cause, ajoutée à celle que nous venons d'énoncer, contribua à rendre la procédure du défaut pleine de complications qui différaient suivant les juridictions

Il est donc assez difficile d'avoir une idée très nette du défaut à cette époque, et il est impossible de formuler des règles admises dans toutes les coutumes.

(1) Dans le Nord après la conquête de la Gaule, la procédure avait gardé son caractère germanique ; dans cette partie de la France le droit romain n'avait exercé qu'une très faible influence ; il en avait été autrement dans le Midi, aussi, lorsqu'au XIIe siècle les études de droit romain furent remises en vigueur, les principes qui y étaient émis trouvèrent pour se développer un terrain plus favorable au Midi qu'au Nord.

(2) Cf. Glasson : *Sources de la procédure*, p. 37.

Au jour fixé pour la comparution la partie présente pouvait prendre défaut contre le défaillant; toutefois s'il n'y avait pas eu d'heure fixée dans la *semonce*, et qu'elle eût été donnée pour le soleil levant, le demandeur devait attendre son adversaire jusqu'à midi; si l'ajournement était donné pour l'heure de midi, le défendeur pouvait comparaître jusqu'au soleil couchant.

A une époque voisine de l'époque carolingienne, le défaillant ne pouvait être condamné après un premier défaut que dans les affaires peu importantes, comme certaines affaires purement personnelles. Telle était du moins la jurisprudence du parlement; au XIIe siècle elle était suivie dans la majorité des juridictions (1). Mais sous l'influence du droit canonique certains coutumiers admirent un système plus compliqué en matière personnelle et mobilière.

Les tribunaux d'église n'avaient jamais accordé au demandeur le profit du défaut qu'après trois assignations successives; à la fin du XIIIe siècle dans presque toutes les juridictions civiles on exigeait plusieurs défauts successifs du défendeur, avant de donner gain de cause à son adversaire.

En matière personnelle et mobilière le premier défaut faisait perdre au défendeur le droit d'invoquer ses exceptions déclinatoires; les exceptions dilatoires étaient perdues au second défaut, et les exceptions péremptoires au troisième; alors le demandeur obtenait nécessairement gain de cause (2).

(1) Bouteiller: *Somme rural*, l. I, t. V, p. 25; Beaumanoir, II, 8.

(2) Bouteiller, *loc. cit.*, I, V. Le défaillant était assimilé à celui qui fait un aveu, qui se reconnaît débiteur de la créance, objet du procès.

Cependant d'après certaines coutumes le demandeur ne gagnait son procès qu'à la condition de prouver le droit qu'il invoquait.

Dans les questions d'héritage, c'est-à-dire de propriété immobilière, on admettait dans presque toutes les coutumes trois défauts (1) ; ils étaient prononcés après trois ajournements. D'après la pratique du parlement, la partie devait, dans le dernier ajournement, être sommée de comparaître *ad videndum adjudicare utilitatem defectus* (2) ; le demandeur restait toujours chargé de la preuve de son droit (3). Les deux premiers défauts n'avaient qu'une seule conséquence : la condamnation aux frais. Dans quelques régions, le Vermandois par exemple, le défaut emportait une amende de deux sous et demi pour les vilains et de dix sous pour les gentilshommes (4).

Dans les matières sommaires le défaut au premier ajournement suffisait toujours pour que le demandeur soit autorisé à prendre défaut.

Toutes ces solutions dérivaient évidemment du droit romain et du droit canonique, sans toutefois reproduire fidèlement les règles qui y étaient admises.

Après le jour fixé pour la comparution, c'est-à-dire au cours de l'instruction, des défauts pouvaient encore

(1) Dans quelques coutumes, même en matière immobilière, le demandeur pouvait obtenir défaut sur le fond après le premier ajournement. Dans d'autres on n'exigeait plusieurs assignations qu'autant que l'objet du litige dépassait une certaine valeur, cent sous par exemple. Cf. Glasson : *France*, t. VI, p. 499.

(2) Cf. Glasson : *Sources de la procédure*, p. 46.

(3) Bouteiller : *Somme rural*, I, V, p. 25.

(4) Tardif, *op. cit.*, p. 60.

se produire. Si une des parties ne comparaissait pas au moment de recevoir l'enquête, la partie adverse prenait acte de son défaut et l'ajournait à une séance suivante ; si à cette époque le défaillant était encore absent, l'autre partie avait le choix de faire recevoir l'enquête ou d'obtenir le renouvellement de la commission à son profit exclusif (1). Un plaideur était également considéré comme défaillant s'il ne répondait pas à l'accusation, s'il refusait de jurer ou s'il ne représentait pas ce qu'il devait montrer. Même, d'après la coutume du Châtelet, l'absence d'une partie au moment où le prévôt voulait prononcer la sentence, entraînait la perte du procès.

Lorsque le demandeur ne comparaissait pas il était condamné aux dépens et à des dommages-intérêts pour le premier et le second défaut ; après le troisième c'était la perte du procès. Mais sur ce point le droit romain exerça son influence ; la règle contraire fut peu à peu admise, et vers le XIIIe siècle on décidait que le défaut du demandeur emportait seulement congé au profit du défendeur, c'est-à-dire absolution de l'instance ; on ne statuait plus sur le fond du procès.

Lorsqu'une seule des deux parties faisait défaut, la partie comparante n'était pas tenue de faire constater le défaut et d'en tirer profit.

Il pouvait arriver que les deux plaideurs fussent absents ; en matière personnelle le défendeur n'encourait pas l'amende dans les coutumes où elle était prononcée lorsque son adversaire refusait lui aussi

(1) Glasson : *France, op. cit.*, VI, p. 500, et Guilhiermoz : *Enquêtes et procès*, p. 124, n. 1 à 6.

de comparaître; dans quelques cas exceptionnels le demandeur encourait une amende si plus tard il perdait son procès (1).

Cette courte étude du défaut à l'époque féodale suffit pour montrer la diversité des règles appliquées. Dans la période suivante l'unité tend à réapparaître; les seigneurs perdent leur influence tandis que le pouvoir royal essaie d'imposer sa volonté et de reconquérir le rang qu'il occupait autrefois.

SECTION TROISIÈME

Du défaut sous la monarchie absolue jusqu'en 1667.

Au début du XVIe siècle on retrouve les mêmes influences qu'à la période précédente : le droit romain, le droit canonique et les ordonnances royales. Mais l'influence du droit romain et du droit canonique jusqu'alors prédominante disparaît presque complètement, tandis que l'influence des ordonnances royales s'affirme de plus en plus.

La royauté, usant de son pouvoir législatif, se décide à intervenir pour réprimer les abus auxquels la procédure du défaut avait donné lieu.

De nombreuses ordonnances sont rendues dans le cours du XVIe siècle; elles s'attachent avant tout à donner satisfaction aux vœux de la nation, et n'hésitent pas s'il le faut à contredire les lois de l'église (2).

Sous François Ier l'opposition, moyen de recours ordinaire et actuel contre les jugements par défaut, n'existait pas; l'appel seul était possible; de nom-

(1) Glasson : *France, op. cit.*, VI, p. 500.

(2) *Ibid.* : *Sources de la procédure, op. cit.*, p. 8.

breux plaideurs, pour retarder une condamnation certaine et éviter l'exécution de la sentence, portaient appel du jugement rendu par défaut. Une ordonnance de 1528 (1) essaya de supprimer cet abus en décidant que « tout appelant de la sentence rendue par défaut ne sera reçu que s'il y a eu paiement des frais de la première instance et d'une amende fixée à quarante sols parisis » (2).

Un second abus nécessitait une réforme. A cette époque les défauts se prenaient au greffe des tribunaux; le plaideur qui avait comparu allait y requérir acte de la non-comparution de son adversaire. Ces actes du greffe étaient expédiés, signifiés et grossoyés à mesure qu'ils se succédaient. Les « procureurs et les gens de loi » multiplièrent les défauts, et par conséquent les ajournements; en augmentant les frais ils augmentèrent également leurs bénéfices. Ils mirent tout scrupule de côté et exploitèrent littéralement les plaideurs.

L'ordonnance de Villers-Cotterets, rendue par François Ier au mois d'août 1539 (3), décida qu'en toutes matières civiles où l'on avait coutume d'user de quatre défauts, il « suffira d'y en avoir deux bien et dûment obtenus par ajournements faits à personne ou à domicile » (4).

(1) Cette ordonnance fut rendue par François Ier, le 7 janvier 1528, à St-Germain-en-Laye. Cf. Isambert, *op. cit.*, t. XII, n. 157, p. 307.

(2) Isambert, *loc. cit.*, § 16, p. 309.

(3) Cette ordonnance est l'acte le plus important de François Ier; une partie de ses dispositions a été insérée dans l'ordonnance postérieure de 1667 et passa plus tard dans le code de procédure. Sur cette ordonnance, cf. Isambert, t. XII, n. 188, p. 600.

(4) Cf. Isambert, *loc. cit.*, § 24, p. 605; le § 21 donnait la même solution lorsqu'il y avait lieu d'appeler un garant.

Toutefois cette ordonnance permettait au juge d'accorder un troisième ajournement, si les deux premiers n'avaient pas été faits à personne et si l'importance de l'affaire litigieuse le comportait.

Dans quelques cas exceptionnels on s'écartait de la règle générale en sens inverse ; un seul défaut pouvait suffire pour faire condamner le défaillant (1).

Après le second défaut la partie absente ne pouvait plus présenter ses défenses; mais elle ne devait être condamnée que si son adversaire prouvait son bon droit (2).

L'appel n'était pas ouvert aux vrais contumaces, à ceux qui n'avaient pas voulu comparaître par désobéissance et mépris de la justice; dans ce cas, qui était laissé à l'appréciation du juge, le premier jugement produisait « son plein et entier effet, et était exécuté nonobstant opposition quelconque ».

Ces réformes étaient sages, mais il était « trop difficile de faire céder à petits coups une tradition rivée dans la rouille du temps; cette réforme n'était pas assez touchante et on n'en tint pas compte » (3).

Ceci explique les nombreuses ordonnances qui furent rendues à cette époque sur l'organisation et l'administration de la justice (4) ; presque toutes ne firent que rappeler les règles émises dans l'ordonnance de 1539 ; quelques-unes cependant apportèrent quelques modifications.

(1) Isambert, *loc. cit.*, § 69 à 71, p. 609.

(2) *Ibid.*, § 26 et 27, p. 60, p. 605.

(3) Boncenne, *op. cit.*, III, p. 9.

(4) Les principales sont celles de: Orléans, 1560 ; Roussillon, 1563 ; Moulins, 1566 ; Blois, 1579.

Ainsi celle de 1563 rendait dans certains cas les mandataires responsables du défaut prononcé contre les mandants (1). L'ordonnance de 1579 dans ses articles 142 et 145 constatait que nombre de défauts étaient prononcés par la faute des procureurs, aussi elle faisait supporter tous les dépens à ces derniers (2).

Les mesures prises pour assurer l'observation de ces ordonnances ne furent pas assez rigoureuses, et dans la plupart des coutumes les anciennes règles étaient toujours en vigueur. Henri IV, en 1597 (3), reconnaissait lui-même que « les guerres et divisions dont son royaume avait été affligé avaient tellement obscurci la force des bonnes lois et ordonnances des rois ses prédécesseurs, que la plupart ont été mises en oubli ». Il en ordonna à nouveau l'exécution déclarant que l'administration « d'une bonne justice faisait la force d'un royaume ».

Une ordonnance de Louis XIII de 1629 (4) n'apporta pas de modifications à la procédure du défaut et ordonna seulement l'observation des règles antérieures.

Les réformes accomplies par ces diverses ordonnances furent en somme peu importantes ; la procédure n'y était pas réglementée d'une façon assez rigoureuse ; elle laissait subsister de nombreux abus dont la preuve certaine nous est apportée par les

(1) Isambert, *op. cit.*, t. XIV, p. 161, n. 77, § 7.

(2) Ordonnance de Henri III. Isambert, t. XIV, p. 415 et 416.

(3) Édit sur l'administration de la justice rendue à Rouen en 1597. Isambert, XV, n. 107, p. 120.

(4) Isambert, *op. cit.*, XVI, n. 162, p. 223.

écrits du XVIIe siècle; ces ordonnances auraient eu le mérite de rétablir l'unité dans la procédure si elles avaient été strictement observées, mais le pouvoir royal ne prit point des mesures assez énergiques pour en garantir l'observation. L'ordonnance de 1667 fit mieux.

SECTION QUATRIÈME

Du défaut dans l'ordonnance de 1667 et jusqu'à la Révolution.

Les motifs et le but de cette ordonnance (1) sont exposés dans le préambule par Louis XIV : « ayant reconnu par le rapport de personnes de grande expérience que les ordonnances, établies par les rois nos prédécesseurs pour terminer les procès, étaient négligées ou changées par le temps et la malice des plaideurs ; que même elles étaient observées différemment en plusieurs de nos cours, ce qui causait la ruine des familles par la multiplicité des procé-

(1) Cette ordonnance fut rendue au mois d'avril 1667 à St-Germain-en-Laye. Elle fut rédigée avec le plus grand soin et par les hommes les plus compétents de l'époque. Colbert avait réuni un conseil où on discuta successivement les lois relatives à la justice, au commerce, à la marine et à la police. De ces discussions naquirent des règlements et des ordonnances qui subsistèrent jusqu'à la fin du XVIIIe siècle.

Louis XIV voulut, pour la rédaction de l'ordonnance civile, adjoindre aux membres de ce conseil une députation du Parlement de Paris. Il écrivit aux principaux magistrats pour les prier de se réunir chez le premier président, de Lamoignon, et de conférer avec lui et les commissaires du conseil sur les articles préparés par ces derniers.

Cette ordonnance est rapportée dans Isambert, année 1667, t. XVIII, p. 103.

dures, les frais des poursuites et la variété des jugements ; et qu'il était nécessaire d'y pourvoir et rendre l'expédition des affaires plus prompte, plus rapide et plus sûre par le retranchement de plusieurs délais et actes inutiles, et par l'établissement d'un style uniforme dans toutes nos cours et sièges. A ces causes ordonnons ce qui suit. »

Pour que cette ordonnance ne devînt pas lettre morte comme les précédentes, une sanction rigoureuse fut édictée contre tout acte fait contrairement aux prescriptions qui y étaient insérées. Dans l'article 8 du titre premier le roi déclarait que « tous arrêts et jugements donnés contre la disposition de nos ordonnances, édits et déclarations, seront nuls et de nul effet et valeur ; et que les juges qui les auront rendus seront responsables des dommages et intérêts des parties » (1).

Avant d'aborder l'étude du défaut en lui-même, nous dirons quelques mots de l'ajournement.

Devant n'importe quelle juridiction le procès débutait par un ajournement. C'était l'acte d'un officier appelé huissier, acte par lequel il dénonçait à quelqu'un la demande qu'une personne formait contre lui, et le citait à certain jour devant le juge qui devait en connaître pour y répondre (2).

Le délai qui devait s'écouler entre l'ajournement et le jour de la comparution n'était pas fixe ; il variait suivant la juridiction compétente et la distance entre

(1) Isambert, *loc. cit.*, p. 106.

(2) Pour avoir de plus amples renseignements sur les conditions de forme et de fond de l'ajournement, cf. Pothier : *Procédure civile*, p. 1 et suivantes.

le domicile de l'ajourné et le lieu du tribunal où il devait comparaître (1).

Dans certains cas qui requéraient une grande célérité, le demandeur pouvait se dispenser d'observer les délais prescrits, en présentant une requête au juge avec les motifs à l'appui de sa demande. Après avoir examiné le cas, le juge pouvait rendre une ordonnance qui permettait d'assigner sans délai, le jour même ou le lendemain.

La théorie des exoines et des contremands, qui jouait un rôle important à l'époque féodale, était tombée en désuétude. Nous avons vu que les contremands disparurent d'assez bonne heure ; les exoines vécurent plus longtemps, mais, du jour où on admit la représentation en justice, elles n'eurent plus de raison d'être et disparurent également. En effet, un empêchement personnel de se présenter en justice ne s'oppose pas à ce qu'on se fasse représenter.

Dans les délais de l'assignation la partie assignée devait constituer procureur ; quinze jours après dans les cours, huit après devant les autres juridictions, le défendeur était tenu de se présenter ; cette formalité consistait à indiquer sur le registre du greffe des présentations son nom et celui de son procureur (2).

(1) Ces délais font l'objet du titre III de l'ordonnance de 1667. Isambert, *loc. cit.*, p. 109 ; Jousse : *Commentaire de l'ordonnance de 1667*, t. I, p. 153 ; Pothier, *op. cit.*, p. 13.

(2) Ce registre des présentations n'existait pas devant toutes les juridictions ; ainsi il était inconnu dans les justices des seigneurs.

Il était défendu aux procureurs de faire aucun acte d'instruction et de procédure si les parties ne s'étaient pas présentées, à peine de trois cents livres d'amende et de tous dommages et intérêts (Déclaration du 12 juillet 1695, art. 4. Arrêt du conseil du 31 décembre 1715). Un autre arrêt du conseil du 8 février 1729 prononçait même l'interdiction.

Dans les affaires sommaires les présentations, tant aux cours supérieures qu'aux sièges, devaient se faire dans les trois jours (1).

Le délai de la présentation expiré, si cette dernière n'avait pas été faite, le demandeur en prenait un acte au greffe, qui lui était expédié par le greffier et que l'on appelait un défaut ; c'était le défaut faute de se présenter, appelé également défaut faute de comparaître.

Si le défendeur était assigné devant une juridiction où il n'existait pas de registre des présentations, dans le même délai que ci-dessus, il devait constituer procureur et le signifier au procureur de son adversaire. Si cette formalité était omise, le demandeur prenait défaut à l'audience, c'est-à-dire demandait au juge de constater l'absence de son adversaire.

L'ordonnance de 1667 ne prévoyait pas le cas où plusieurs défendeurs, ayant même intérêt, étaient cités par le même adversaire et faisaient tous défaut ; on suivait alors les règles ordinaires de procédure et on prenait défaut contre chaque défaillant à l'expiration du délai qui lui était accordé pour comparaître. Cette hypothèse fut l'objet de deux règlements: le premier de 1687, le second le 1734. Désormais, lorsque tous les défendeurs refusaient de comparaître, le défaut devait être constaté par un seul et même acte, pris à l'expiration du plus long délai accordé à l'un des défaillants.

(1) Isambert, *loc. cit.*, p. 110, art. 1, *in fine*. L'article 2 supprimait la formalité de la présentation à l'égard des demandeurs ; elle fut rétablie par un édit du mois d'avril 1695 et une déclaration du 12 juillet de la même année.

Si des parties assignées les unes constituaient procureur et non les autres, le défaut ne se prenait que contre celles qui ne se présentaient pas ; on ne connaissait pas encore la théorie du défaut profit-joint.

Chacun des jugements rendus suivait alors sa fortune ; l'un produisait les effets d'un jugement contradictoire, l'autre subissait le sort des jugements par défaut. Deux défendeurs assignés pour le même objet pouvaient donc être jugés différemment.

Malgré les inconvénients qui résultaient de cette façon de procéder, il en fut ainsi jusqu'au code de procédure devant les juridictions ordinaires.

Devant le conseil du roi un règlement du 20 juin 1738 (1) ordonna de joindre le défaut au fond ; la cause jugée contradictoirement avec les comparants l'était également avec les défaillants. Mais ce système était très imparfait, car, s'il empêchait toute contrariété de jugements, il sacrifiait complètement les droits des défaillants ; aucune précaution n'était prise en faveur de ces derniers, et une condamnation pouvait devenir définitive sans qu'ils en aient eu connaissance.

Sur ces quelques points l'ordonnance de 1667 était incomplète et avait laissé place à des innovations qui ne furent faites que longtemps après ; cependant elle fit de sages réformes.

Elle limita le nombre des ajournements possibles avant de prendre défaut. Des quatre ajournements de l'époque féodale, des deux ajournements de

(1) Isambert, *op. cit.*, année 1738, t. XXII, p. 63.

l'ordonnance de 1539, le premier seul restait permis; désormais on devait prendre défaut à l'expiration du délai accordé par le premier ajournement. Cette règle diminuait dans une large mesure les frais de justice et mettait fin à une source de nombreux abus. Tout acte y dérogeant était frappé de nullité et faisait encourir une amende à son rédacteur (1).

Le défaut faute de se présenter ne pouvait être jugé immédiatement ; le demandeur devait, en principe, attendre huit jours (2).

Pendant ce délai, le défendeur défaillant pouvait prendre deux partis : s'il constituait procureur et s'il fournissait ses défenses, le défaut n'était pas jugé et le procès devenait contradictoire. Toutefois, le défendeur devait supporter définitivement les frais occasionnés par son défaut ; s'il persistait à ne pas comparaître en ne constituant pas procureur et s'il ne fournissait pas ses défenses, le demandeur pouvait faire juger le défaut à la première audience qui suivait l'expiration du délai de huit jours.

Le défaillant n'était condamné que si le demandeur parvenait à prouver que sa demande était « juste et bien vérifiée » (3).

Les juges devaient entendre sommairement la plaidoirie du demandeur ; si la demande ne paraissait pas alors suffisamment justifiée, et si la matière était susceptible de preuve, le juge pouvait permettre au demandeur de la faire par témoins ou

(1) Ordonnance de 1667, titre V, § 2 ; Isambert, *op. cit.*, p. 3.

(2) *Ibid.*, titre III, § 5 ; Jousse : *Commentaire de l'ordonnance de 1667*, t. I, p. 158.

(3) *Ibid.*, titre V, § 3 ; Isambert, *op. cit.*, p. 111 ; Jousse, *op. cit.*, I, 171.

autrement. Si la cause était de celles qui devaient être communiquées au parquet (1), le jugement ne pouvait être rendu que si le procureur du roi ou celui qui le représentait avaient été entendus.

Pour éviter un jugement par défaut il ne suffisait pas au défendeur de constituer procureur et de se présenter ; il fallait encore qu'il fournisse ses défenses, signées de son procureur, avec les pièces justificatives ; cette formalité devait être accomplie dans le délai qui était accordé pour se présenter, sinon il y avait défaut faute de défendre.

Le demandeur pouvait prendre défaut au greffe s'il y avait un registre de présentations ; à l'audience s'il n'y en avait pas.

Le défaut faute de défendre était jugé de la même façon et soumis aux mêmes règles que le défaut faute de se présenter.

Le défaillant pouvait mettre fin au défaut et rendre le procès contradictoire en fournissant ses défenses avant le jugement sur le défaut ; si le défendeur ne prenait pas ce parti, un jugement le condamnait si le demandeur parvenait à faire la preuve de son droit (2).

A ces deux défauts il faut en ajouter un troisième, le défaut faute de venir plaider. Si après avoir fourni ses défenses le défendeur ne comparaissait pas à

(1) Le mot « parquet » ne se trouve pas dans l'ordonnance de 1667 ; on y remarque l'expression suivante : « communication aux avocats ou procureurs généraux ».

Cependant le mot « parquet » était employé au XVIIe siècle ; on le trouve dans les auteurs qui ont commenté l'ordonnance de 1667, notamment dans Jousse, *op. cit.*, t. I, p. 174, § 11.

(2) Ordonnance de 1667, titre XI, § 6 ; Jousse, *op. cit.*, t. I, p. 243.

l'audience, soit à l'appel du rôle si la cause avait été mise au rôle, soit que la cause ait été portée à l'audience sur simple avenir, il y avait défaut faute de venir plaider.

Le demandeur pouvait prendre défaut, faire juger l'affaire litigieuse et, de même que dans les deux cas précédents, obtenir condamnation en justifiant ses conclusions.

Le défendeur pouvait faire relever ce défaut en se présentant à cette audience.

De toutes ces explications il résulte que le défendeur pouvait faire défaut dans trois cas : défaut faute de se présenter, faute de défendre et faute de plaider.

Le défaut du demandeur s'appelait congé et pouvait également se produire dans trois hypothèses différentes : défaut faute de défendre ; défaut faute de donner copie des pièces justificatives de la demande ; défaut faute de plaider (1).

Sous l'ordonnance de 1667, aucun demandeur n'était tenu à la présentation et le défaut faute de se présenter n'existait pas (2). Mais, si dans l'assignation il n'y avait pas eu constitution de procureur, toute la procédure qui suivait était entachée de nullité et le défendeur pouvait attaquer un jugement rendu après un tel ajournement.

Lorsque la présentation fut rétablie, si le demandeur ne se présentait pas dans le délai qui lui était imposé, le défendeur obtenait au greffe des présen-

(1) Jousse, *op. cit.*, t. I, p. 165.

(2) Pothier, *op. cit.*, p. 14. Ordonnance de 1667, titre IV, § 2; Isambert, *op. cit.*, p. 110; Jousse, *op. cit.*, t. I, p. 165. La présentation fut rétablie en 1695; cf. ci-dessus, p. 72.

tations ou à l'audience un acte constatant la non-présence de son adversaire (1).

Si le demandeur était en demeure de communiquer les pièces justificatives de sa demande et s'il restait inactif, il y avait lieu au congé faute de communiquer qui se prenait dans le même délai et de la même manière que le défaut faute de défendre.

Lorsque le demandeur, après avoir fourni les pièces justificatives de sa demande, refusait de plaider, le défendeur prenait à l'audience un congé, sans qu'il y ait examen de la demande du défaillant.

Tels étaient les cas dans lesquels le demandeur pouvait faire défaut. Il reste un point assez difficile à élucider: l'effet du défaut-congé.

En droit romain, sous la procédure extraordinaire, le seul effet du congé obtenu contre le demandeur qui ne se présentait pas était de faire décharger le défendeur de l'assignation qui lui avait été donnée, et il n'en résultait aucun empêchement à ce que le demandeur formât une nouvelle demande. En France, dans toutes les coutumes, on avait certainement appliqué le même principe. L'ordonnance de 1667 a-t-elle modifié ce qui avait été enseigné jusque-là? Le texte qui donne lieu à la controverse est celui de l'article 4 du titre XIV où il est dit que « pour le profit, le défendeur sera renvoyé absous » (2).

Pour quelques auteurs (3) ces termes sont l'équi-

(1) Édit du mois d'avril 1695 et déclaration du 12 juillet suivant; ce défaut devait être pris après l'expiration d'un délai de huitaine.

(2) Jousse, *op. cit.*, t. I, p. 303.

(3) Merlin: *Questions, Défaut*, § 1 bis, n. 2; Rodier: *Questions sur l'ordonnance de 1667*.

valent de ceux-ci : « le demandeur sera déclaré mal fondé en sa demande ». Il en résultera ceci : le demandeur ne pourra reproduire sa demande en justice tant qu'il n'aura pas fait réformer par les voies de droit le jugement qui en prononçant le défaut avait absous le défendeur.

Cette interprétation de l'article 4 a été vivement combattue par plusieurs auteurs, notamment par Boncenne ; les arguments qu'il donne à l'appui de sa théorie sont les suivants : on peut être absous d'un ajournement, d'une demande aussi bien que d'une accusation ou d'un crime ; absoudre de la demande, ce sera seulement accorder au défendeur « facultatem discedendi » (1). Tagereau, dans son *Parfait praticien*, demandant quel profit emportait le défaut-congé, répondait que le défendeur devait être absous de l'instance et de l'assignation. Voët disait ceci : « reus petit se ab instantia absolvitur ». L'ordonnance de 1667 a conservé au mot absous la même signification ; la meilleure preuve qu'on en puisse fournir est la suivante : d'après le projet, le défendeur devait être renvoyé sur-le-champ absous des conclusions contre lui prises ; mais cette disposition, qui aurait certainement apporté une modification à l'état de choses existant si elle eût été maintenue, ne le fut pas. Bornier était du même avis ; il déclarait que le défendeur ayant obtenu congé, n'était pas pour cela absous de l'action, mais seulement congédié de l'instance (2). La valeur de

(1) Boncenne, *op. cit.*, t. III, p. 21.

(2) Bornier : *Conférences des ordonnances de Louis XIV*, t. I, p. 38 et 39.

ces derniers arguments nous fait préférer la seconde théorie.

Avant de quitter cette ordonnance nous devons apprécier l'utilité des réformes qui en furent la conséquence.

Sur certains points, il faut bien en convenir, elle maintenait ou apportait des règles inutiles. Pourquoi toutes ces distinctions du défaut, causes de lenteurs et de frais ? Pourquoi cette obligation de constater le défaut au greffe ? N'eût-il pas été plus simple de le prendre directement à l'audience ainsi que cela se pratiquait d'ailleurs dans quelques cas. La non-application de la théorie du défaut profit-joint pouvait donner lieu à des jugements contraires.

Mais à côté de ces règles inutiles il convient de signaler de très sages réformes. On ne peut qu'approuver la suppression d'un second ou d'un troisième ajournement exigés avant de pouvoir prendre défaut ; les frais excessifs d'un procès étaient diminués dans une large mesure par suite de la simplification de la procédure ; la suppression ou la diminution de certains délais permettait d'obtenir condamnation plus rapidement. En un mot, la procédure du défaut était en progrès.

Pendant près d'un siècle et demi on conserva pour ainsi dire sans modifications l'ordonnance de 1667 ; en 1695 et en 1738 la procédure, nous venons de le voir, subit quelques changements, mais en somme peu importants. Le code de procédure civile, mis en vigueur au début du XIXe siècle, abolit les lois, ordonnances et édits antérieurs, et notamment l'ordonnance de 1667 ; mais il n'établissait pas une procédure absolument nouvelle ; les rédacteurs du code, nous le verrons dans la suite, avaient fait de nombreux emprunts aux textes antérieurs.

SECTION CINQUIÈME

Travaux préparatoires du code de procédure civile.

L'assemblée de 1789 décréta que les édits et ordonnances relatifs à la procédure seraient l'objet d'une réforme incessante ; elle voulait rendre la procédure « plus simple, plus expéditive et moins coûteuse » (1). Cependant elle ordonna que les tribunaux qu'elle avait créés « suivraient provisoirement les formes de procédure actuellement existantes » (2) ; c'était le maintien de l'ordonnance de 1667 et des quelques règlements postérieurs.

La Convention ne s'en tint pas là ; par sa constitution de 1793, elle décida que toute affaire serait soumises à des arbitres publics « qui statueraient en dernier ressort sur des défenses verbales, ou sur simple mémoire, sans procédure et sans frais » (3). Mais cette constitution « sommeilla tranquillement dans un coffre brillant placé au milieu de l'assemblée » (4). L'ordonnance de 1667 subsistait toujours au grand désespoir d'une partie des juges de l'époque qui ne comprenait rien aux règles de la procédure.

(1) Loi du 24 août 1790, titre II, art. 20.

(2) Loi du 19 octobre 1790.

(3) Constitution de 1793, art. 94.

(4) Locré, t. XXI de l'ouvrage complet, et I de la partie procédure civile. Historique du code de procédure.

Une réforme était nécessaire ; elle fut malheureuse. La Convention « exhuma du coffre brillant » une partie de l'article 94 de sa constitution. Elle ne créa pas d'arbitres publics et laissa subsister les tribunaux tels qu'ils existaient ; mais elle réduisit la procédure à ce qu'elle pourrait être devant des arbitres, et la rendit tellement simple qu'il n'y en eut plus (1). En même temps, elle supprima les avoués qui avaient remplacé les procureurs.

Les plaideurs eurent à souffrir de ce trop de simplicité et le Premier Consul se hâta de débarrasser la France de cette funeste loi. En l'an VIII, il rétablit les avoués et implicitement la procédure antérieure à leur disparition (2). Dailleurs une loi du 18 fructidor de la même année vint confirmer cet état de choses et mettre fin au désordre que la loi de brumaire avait introduit dans l'administration de la justice ; elle promettait en même temps une réforme des règles admises.

Il est certain, disait d'Aguesseau, que les lois antérieures sont bonnes, mais la « mauvaise foi des plaideurs s'est étudiée à en rompre les entraves, et la sagesse du législateur est obligée de faire les mêmes progrès que la malice de l'homme, afin que chaque mal trouve son remède, chaque fraude sa précaution » (3).

Un arrêté du 3 germinal an X chargea une commission de préparer un projet de code de procédure civile. La commission rédigea le projet et le

(1) Décret du 3 brumaire an II, 24 octobre 1793.

(2) 27 ventôse an VIII, art. 92, 18 mars 1800.

(3) *Mercuriales*, XIII.

fit précéder d'observations préliminaires ; elles furent faites par Treilhard, un des membres de la commission, qui indiqua le but poursuivi et l'esprit qui avait présidé à la rédaction.

Il est temps, disait-il, de réduire les formes judiciaires à ce qui est nécessaire pour assurer l'exercice des droits des citoyens. Nous n'avons pas hésité pour atteindre ce but, ajoutait-il en parlant au nom de la commission, à écarter tout ce qui surchargeait l'instruction sans utilité, et tout ce qui ne pouvait pas se concilier avec les institutions actuelles ; mais d'un autre côté, nous n'avons pas plus hésité à conserver tout ce qui nous a paru trop sage et utile dans les règlements relatifs à la procédure, notamment dans l'ordonnance de 1667 (1).

Nous pouvons remarquer en ce qui concerne la procédure du défaut que l'intention des auteurs du projet a été d'éviter les frais, de faire obtenir aux parties une justice aussi prompte que possible, sans abandonner le défaillant de bonne foi, sans le sacrifier complètement lorsqu'il est de mauvaise foi. Il est certain que pour réaliser cette noble ambition, la commission a su se garder « de cette manie de réformer dans laquelle le désir immodéré de perfectionner peut jeter une âme honnête » (2).

Le défaillant pouvant être victime de certaines fraudes, il était du devoir du législateur de le protéger lorsqu'il était de bonne foi ; son absence pouvant être excusable et forcée ne devait pas à elle seule suffire pour accorder à l'adversaire un droit

(1) Locré, *op. cit.*, Procédure, t. I, p. 11.
(2) *Ibid.*

qu'il n'avait pas ; il y avait lieu de craindre les prévarications des huissiers qui avaient pu « souffler la copie ». Pour tous ces motifs le législateur n'a pas soumis le défaut aux règles ordinaires de procédure : il a obligé le demandeur à exécuter promptement le jugement obtenu ; il a ordonné que la signification ait lieu par un huissier commis. Il a abandonné la nécessité de plusieurs ajournements avant de prendre jugement ; cette garantie était en effet insuffisante et avait donné lieu à de nombreux abus.

Lorsqu'il y avait défaut faute de conclure, le Tribunat, voulant prendre des précautions excessives, avait l'intention d'assimiler, au point de vue du délai de l'opposition, le défaut contre avoué rendu en dernier ressort au défaut contre partie (1). Cette disposition ne fut pas accueillie après avoir été l'objet de discussions assez longues; il ne fallait pas en effet sacrifier le demandeur, alors que des dommages-intérêts pouvaient rendre le défendeur indemne du préjudice qu'il avait souffert.

Dans le but de rendre les procès moins longs et moins coûteux, les rédacteurs du projet firent accepter la suppression du greffe des présentations ; désormais tous les défauts devaient être pris et jugés à l'audience (2).

Dans le même but, ils firent voter l'article 151 qui n'admettait qu'un seul défaut lorsqu'il y avait plusieurs défendeurs et que tous étaient absents.

(1) Boncenne, *op. cit.*, t. III, p. 131 ; Locré, *op. cit.*, t. I, p. 430.
(2) Locré, *op. cit.*, t. I, p. 87.

La commission fut heureusement inspirée en proposant de généraliser la pratique du défaut profit-joint, admise seulement devant le conseil du roi. Elle fit admettre de sages mesures pour rendre cette réforme aussi parfaite que possible.

Il était souvent arrivé dans l'ancien droit qu'un huissier manquait de donner une copie de son exploit à la personne qu'il assignait; c'était ce qu'on appelait en langue vulgaire « souffler la copie ». Si la prévarication se prolongeait, on lui soustrayait encore la copie de la signification du jugement. Un plaideur pouvait donc être frappé d'une condamnation sans avoir pu se défendre.

Dans l'hypothèse de l'article 153, cette situation était particulièrement grave, car le jugement était contradictoire à l'égard du défaillant. La réassignation par huissier commis mit fin à cet abus.

Quelques personnes semblaient craindre que cette mesure n'altérât la confiance dans le ministère des huissiers. Mais ce motif, dit Treilhard, n'est pas suffisant pour fermer les yeux sur un abus dont on est le témoin et pour empêcher qu'on y porte le remède. Si des officiers peu délicats peuvent gémir des précautions que nous avons prises, je ne crains pas de le dire, ajoutait-il, tous ceux qui méritent de l'estime se féliciteront d'une règle qui dissipera sans retour des nuages fâcheux, élevés sur une profession qu'ils honorent (1).

Une dernière réforme importante fut proposée par la commission et admise par le corps législatif. Des

(1) Locré, *op. cit.*, t. I, p. 539.

défauts réglementés par l'ordonnance de 1667, deux seulement furent conservés du côté du défendeur : le défaut faute de comparaître et le défaut faute de conclure ; pour le demandeur, le défaut faute de conclure fut seul admis.

Telles furent dans leurs grandes lignes, les réformes opérées par le législateur du code de procédure civile ; elles furent votées pendant l'année 1806 et devinrent applicables le 1er janvier 1807.

L'intention des rédacteurs du projet avait été de profiter des leçons du passé ; ils s'étaient attachés particulièrement à conserver ce qui était bien, à supprimer ce qui était mal. Il est certain que ces rédacteurs avaient été choisis parmi les jurisconsultes les plus éminents, que le projet avait été revu avec soin par le Conseil d'État, que les questions principales avaient été l'objet de discussions longues et animées, qu'on avait même fait appel aux lumières des magistrats des différentes cours, qu'en un mot, on n'avait rien négligé pour que cette partie de la législation soit parfaite.

L'étude en détail de la procédure du défaut nous permettra d'apprécier si, dans cette partie du code, le législateur a atteint le résultat que toutes les garanties prises lui permettaient d'espérer.

DEUXIÈME PARTIE

Du défaut depuis 1807 jusqu'à nos jours. — Notions générales sur le défaut.

On appelle défaut en matière de procédure « le fait de ne pas accepter le procès, ou celui de ne pas y prendre part après l'avoir ouvert s'il s'agit du demandeur, après l'avoir accepté s'il s'agit du défendeur » (1).

Dans la première hypothèse l'instance ne peut pas se lier ; dans la seconde elle ne peut pas aboutir. Mais dans les deux cas le résultat est le même : le jugement qui intervient n'est pas contradictoire ; c'est un jugement par défaut.

Il n'est pas besoin qu'il y ait absence réelle, éloignement véritable du lieu où siège le tribunal pour que le juge puisse prononcer par défaut ; il suffit que la partie refuse de comparaître, ou que l'avoué constitué, bien que présent, refuse de se défendre.

Le défaut présente certaines analogies avec la

(1) Boitard : *Cours de procédure*, t. I, p. 330.

forclusion, c'est-à-dire « la perte d'un droit faute de l'exercer dans le temps prescrit par la loi, ou d'accomplir les formalités nécessaires pour le conserver » (1).

Cette analogie se manifeste particulièrement dans les deux cas suivants : si, dans une instruction par écrit, une partie ne fournit pas ses pièces dans le délai fixé par la loi, elle est jugée sur les seules pièces de son adversaire ; si dans une procédure par voie d'ordre ou de contribution un créancier ne produit pas ou ne contredit pas au règlement provisoire dans le délai prescrit, il peut, par sa négligence, perdre son droit, car l'ordre ou la contribution sont réglés en son absence. La personne qui a encouru ces déchéances par suite de l'inobservation des lois de la procédure est traitée plus rigoureusement que le défaillant ; en effet, ce dernier peut au moyen de l'opposition, faire tomber un jugement par défaut, tandis que ce moyen de recours n'est pas accordé à la partie forclose, ni remplacé par aucun autre analogue (2).

La distinction entre les jugements contradictoires et les jugements par défaut présente, ainsi que nous le verrons plus tard, un intérêt considérable ; on peut donc se demander dans quelle partie du jugement se trouvent les traits caractéristiques d'une sentence rendue par défaut ?

Il est tout d'abord un point certain, c'est qu'il

(1) Garsonnet : *Cours de procédure*, t. II, p. 37.

(2) Sur la forclusion, cf. Bioche : Procédure, Instruction par écrit, n. 30 ; Chauveau-Carré, t. I, question 440 ; Boncenne, t. II, p. 332 ; Garsonnet, t. IV, § 824 et 865.

faut envisager la décision en elle-même, apprécier les circonstances dans lesquelles elle a été rendue, abstraction faite de la qualification qui a pu lui être donnée par les juges ; la nature des jugements est déterminée par la loi, et il n'est permis ni aux parties, ni aux juges de la modifier (1).

Ainsi la fausse qualification de jugement par défaut n'empêche pas ce jugement d'être contradictoire (2). Inversement est par défaut un jugement qui a tous les caractères des jugements par défaut, alors même qu'il serait qualifié de contradictoire (3).

Pour savoir si le juge a donné à un jugement un caractère conforme à la réalité des choses, c'est au dispositif qu'il faut se reporter ; cette partie du jugement est principale, essentielle. On ne doit pas, en principe, tenir compte des motifs pour cette appréciation.

Cette dernière règle n'est pas toutefois d'une rigueur absolue. Il a été admis, et avec raison, qu'on peut se reporter aux motifs du jugement pour expliquer des termes du dispositif obscurs et insuffisamment explicites (4). Mais s'il y a contradiction évidente entre les motifs et le dispositif, ce dernier doit être pris seul en considération (5).

(1) Arg., art. 453, C.P.C; Cass., 22 mars 1825, § 25, 1, 85; Cass., 11 décembre 1878; S. 79, 1, 68; D. 79, 1, 262. Trib. com. de Laval, 25 janvier 1882; D. 83, 3, 31; Cass., 11 janvier 1892; S. 94, 1, 321; D. 93, 1, 65.

(2) Cass., 4 juillet 1888; S. 89, 1, 326; D. 89, 1, 477.

(3) Metz, 23 août 1822; S. 25, 2, 94. Paris, 3 août 1872; D. 73, 2, 119; Cass., 11 décembre 1878, arrêt précité.

(4) Aix, 28 avril 1871; D. 72, 2, 83.

(5) Il peut également y avoir désaccord entre les qualités et les autres parties du jugement ; quelle est celle qui doit prévaloir ?

La doctrine et la jurisprudence décident que les qualités d'un jugement

Cette remarque nous conduit à une question controversée qui a divisé MM. Carré et Chauveau : celle de savoir si un jugement est nul lorsque dans les considérants il est énoncé que, d'après les conclusions d'une partie, défaut doit être donné contre l'autre, mais que dans le dispositif le défaut n'est pas réellement prononcé ?

M. Chauveau répond négativement. Voici ses arguments : des qualités et des motifs, il résulte que le défendeur n'a pas comparu, donc la condamnation doit être par défaut ; peu importe que le dispositif renferme ou ne renferme pas ces expressions « donne défaut » puisque le défaut est évident ; il résulte des termes et de l'ensemble du jugement et on ne l'établit pas par induction. Le dispositif est, il est vrai, la partie essentielle du jugement, la seule que l'on puisse considérer quand il s'agit d'une condamnation, mais non quand il s'agit d'une simple énonciation de forme.

L'opinion de M. Carré nous semble préférable. Dans un jugement le dispositif est la partie principale, et s'il est permis quelquefois de l'interpréter par les considérants ce n'est qu'autant qu'il y a incertitude dans les dispositions qu'il renferme et non omission absolue. Le jugement dont il s'agit ne peut

par défaut ne peuvent être signifiées au défaillant ; l'opposition aux qualités étant impossible, elles ne peuvent tomber que par l'opposition au jugement.

Lorsque cette opposition est devenue impossible, les qualités font alors, en principe, pleine foi des énonciations qui y figurent. Cependant si les mentions contenues dans ces qualités changent la nature du jugement, ou s'il y a contradiction entre les qualités et les motifs ou le dispositif, on doit faire prévaloir la partie du jugement conforme aux faits.

être exécuté comme un jugement par défaut puisque le défaut n'est pas prononcé, ni comme un jugement contradictoire puisqu'il résulte des conclusions et des considérants qu'une partie faisait défaut. Enfin, le dispositif omet de prononcer le défaut auquel l'avoué avait formellement conclu, et que le tribunal était dans l'obligation de donner; ce dernier argument suffit à lui seul pour prononcer la nullité d'un tel jugement (1).

Lorsqu'il y a doute sur la qualité d'un jugement, savoir s'il est contradictoire ou par défaut, la partie condamnée ne peut se faire un moyen de cassation de la qualification du jugement par défaut. Elle n'y a aucun intérêt; cette qualification, loin de lui être préjudiciable, lui est au contraire favorable puisqu'elle lui ouvre la voie de l'opposition (2).

M. Garsonnet (3) pense que les parties peuvent, d'un commun accord, considérer un jugement contradictoire comme rendu par défaut et vice-versa ; il légitime cette théorie en déclarant que l'ordre public n'est pas intéressé en cette matière et que par conséquent les parties ont pleine liberté. A cet argument on peut opposer le suivant : il n'est pas au pouvoir des parties ni même des juges de changer la nature des jugements. aussi la première théorie est-elle très contestable (4).

Ces quelques notions générales étant données,

(1) Chauveau-Carré, *op., cit.*, t. II, question 616 quater, et supplément. Jugement par défaut, § 27 et 28.

(2) Cass., 6 février et 13 mars 1826; S. 26, 1, 350.

(3) Garsonnet, Procédure, *op. cit.*, V, p. 336, n. 2.

(4) Cass., 22 mars 1825; S. 25, 1, 85; Dalloz, jurisprudence, jugement, n. 11.

nous allons aborder l'étude du défaut en lui-même.

Nous diviserons cette étude en deux chapitres : le premier contiendra la procédure jusqu'au jugement inclusivement ; le second les règles qui régissent les jugements par défaut.

CHAPITRE PREMIER

DES DIFFÉRENTS DÉFAUTS ET DE LA PROCÉDURE JUSQU'AU JUGEMENT PAR DÉFAUT INCLUSIVEMENT

Si nous nous reportons à la définition du défaut que nous avons donnée ci-dessus (1), nous voyons immédiatement que trois hypothèses peuvent se présenter : le défendeur seul fait défaut ; le demandeur seul fait défaut ; les deux parties font défaut.

Chacune de ces trois hypothèses fera successivement l'objet d'une section ; la première sera de beaucoup la plus importante car en pratique le défaut du défendeur est le cas le plus fréquent et les difficultés auxquelles il donne lieu sont assez nombreuses.

SECTION PREMIÈRE

Défaut du défendeur.

Dans un procès il n'y a le plus souvent aux prises que deux personnes : d'un côté le demandeur, de l'autre le défendeur. La situation peut devenir plus compliquée si le demandeur a assigné plusieurs adversaires. Dans un premier paragraphe nous étu-

(1) Cf. p. 86.

dierons l'hypothèse la plus simple : celle où il n'y a qu'un défendeur ; dans un second nous verrons quelles sont les complications qui peuvent naître lorsqu'il y a plusieurs défendeurs.

§ 1 : Défaut du défendeur unique.

L'article 149 du code de procédure civile prévoit le cas où le défendeur unique fait défaut; il contient ce qui suit : « *Si le défendeur ne constitue pas avoué, ou si l'avoué indiqué ne se présente pas au jour indiqué pour l'audience, il sera donné défaut* ». La simple lecture de ce texte nous indique qu'il y a pour le défendeur deux manières de faire défaut. Tout d'abord il est possible que, sur l'assignation qui lui est donnée, le défendeur ne constitue pas avoué : c'est le cas du défaut faute de constitution d'avoué, appelé aussi défaut faute de comparaître ou défaut contre partie, expressions qui sont synonymes. Il est possible que l'avoué constitué ne se présente pas à l'audience pour conclure : c'est le cas du défaut faute de comparution de l'avoué, appelé aussi défaut contre avoué, ou défaut faute de conclure, expressions également synonymes (1).

Dans la marche ordinaire d'un procès le défaut faute de comparaître apparaît le premier. Étudions-le tout d'abord ; nous nous conformerons à l'ordre naturel des choses.

(1) Ces distinctions ne sont pas rigoureusement exactes ; dans certains cas particuliers, lorsque le ministère des avoués cesse d'êt.e obligatoire, elles ne concordent plus avec les faits. Toutefois, nous les maintenons provisoirement ; plus tard nous rectifierons ce qu'elles ont d'incorrect en étudiant ces hypothèses spéciales.

A. *Défaut faute de comparaître.*

L'huissier a signifié au défendeur la copie de l'assignation ; ce dernier est alors prévenu de la demande formée contre lui, et tenu de constituer avoué dans le délai de huitaine franche ; tel est le début d'un procès dans la majorité des cas (1).

Le défendeur peut prendre deux partis : s'il constitue avoué l'instance est liée et le procès définitivement engagé. Il peut ne pas constituer dans le délai fixé par l'assignation ; il y a défaut et le demandeur peut le faire constater par le tribunal à l'audience où la cause est appelée.

Si le défendeur est assigné à bref délai en vertu d'une ordonnance du président du tribunal (2), le défendeur peut valablement constituer avoué jusqu'à l'appel de la cause (3).

En théorie ces quelques règles sont très simples, en pratique il n'en est plus ainsi, car sur plusieurs points on s'est écarté des règles posées par le législateur.

(1) Le délai de huitaine est le délai ordinaire (art. 72, C., pr. c.); ce délai est un minimum que la loi impose au demandeur pour donner au défendeur le temps de comparaître ; mais la loi n'ayant pas fixé de maximum le demandeur peut assigner à plus longue échéance (Req., 28 décembre 1875; D. 76, 1, 63). De nombreuses exceptions ont été apportées par le législateur à la règle de l'article 72 ; ce même article *in fine* permet au président du tribunal d'accorder en cas de célérité une assignation à bref délai ; les articles 73, 74 et 1033 prévoient d'autres causes d'exception.

(2) L'ordonnance du président est en principe nécessaire; cependant dans l'hypothèse prévue par l'article 193 l'assignation à bref délai peut être donnée en vertu de la loi.

(3) L'article 76 énumère les formalités spéciales qui peuvent intervenir lorsque le défendeur constitue avoué à l'audience ; pour plus de détails sur ce point, cf. Garsonnet, *op. cit.*, II, p. 274.

On a assimilé le défendeur assigné à huitaine franche au défendeur cité à bref délai, et on a permis au premier de ne constituer avoué qu'à l'audience et sur l'appel de la cause (1). On a même été plus loin : on a permis au défendeur de constituer valablement avoué jusqu'à la fin de l'audience, même si le défaut avait été pris au début de la même audience. Dans la pratique on dénomme cette façon d'agir « rabattre le défaut » (2).

Il est certain qu'en accordant ce droit au défendeur on cesse de se conformer aux textes, aussi cette pratique a-t-elle été vivement combattue par quelques auteurs (3). Tout jugement par défaut, disent-ils, cesse d'appartenir aux juges à l'instant même où il est prononcé. Sous l'ordonnance de 1667, les juges pouvaient audience tenante rapporter leurs décisions (4); mais l'article 1041 a abrogé toutes les lois, coutumes et usages antérieurs ; aucun texte n'autorise le « rabat du défaut » et on est tenu de respecter le silence du législateur.

Cette pratique présente cependant de sérieux avantages, dont le principal est de rendre moins nombreux les jugements par défaut, qui sont une

(1) Garsonnet, *op. cit.*, II, p. 275 ; Bioché, *op. cit.*, Constitution d'avoué, n. 8.

(2) A Paris on prononce le jugement par défaut « sauf l'audience », ce qui permet au défendeur de constituer avoué tant que l'audience n'est pas levée. Le résultat serait le même si le jugement était prononcé seulement à la fin de l'audience.

(3) Carré, *op. cit.*, t. I, question 389. Il y a quelques décisions judiciaires en ce sens: Rennes, 26 juin 1813, *Journal des avoués*, t. XX, p. 403; Poitiers, 26 août 1836, *Journal des avoués*, t. LI, p. 701.

(4) Ordonnance de 1667, titre XIV, art. 5. Pour plus de détails voir Boncenne, *op. cit.*, t. III, p. 115.

cause de lenteurs et de frais ; aussi, malgré les critiques dont elle est l'objet, il semble bon de la conserver.

Il faut également remarquer que le demandeur ne faisant pas toujours appeler la cause à l'audience à l'expiration même du délai de huitaine (1), le temps accordé pour constituer avoué se trouve par là même augmenté, puisqu'il est admis que cette constitution est possible jusqu'à l'appel de la cause.

De tout ceci il résulte qu'il y aura défaut faute de comparaître, lorsque le défendeur n'aura pas constitué avoué à la fin de l'audience à laquelle la cause aura été appelée (2).

De ce qu'en principe toute constitution d'avoué faite après le jugement est de nul effet, faut-il en conclure, a contrario, que jusqu'au jugement, la constitution d'avoué puisse toujours utilement se produire, et faire obstacle à ce qu'il soit donné défaut faute de comparaître ?

Au premier abord, on pourrait répondre affirmativement ; un arrêt de la Cour de Paris pourrait même être invoqué à l'appui de cette opinion. Certains motifs de cet arrêt, considérés isolément

(1) En dehors de certains motifs particuliers au demandeur qui nécessitent des retards, il faut tenir compte des formalités exigées ; l'avoué doit rédiger un placet qui indique le jour où il compte se présenter ; le greffier doit inscrire l'affaire au rôle d'audience pour être appelée à cette date ; si l'affaire est portée devant un tribunal composé de plusieurs chambres, les retards peuvent être plus longs : depuis le décret du 30 novembre 1872 les assignations sont données indifféremment à toutes les chambres, et les causes sont distribuées par le président avant d'être appelées. Sous le décret du 30 mars 1808 (art. 59 et 60), cette distribution ne s'opérait que s'il y avait eu constitution d'avoué à l'appel de la cause (Garsonnet, *op. cit.*, § 262).

(2) Nous rappelons que pour le moment nous n'envisageons que les causes ordinaires, qui supposent l'intervention de l'avoué nécessaire.

semblent, en effet, permettre la constitution de l'avoué tant que le jugement n'est pas rendu. Elle serait donc valable, même après que l'affaire a été mise en délibéré, ou que le ministère public a été entendu.

Mais tout ce qu'on peut induire de l'arrêt considéré dans son ensemble, c'est que la constitution d'avoué est possible, même après l'expiration des délais d'ajournement, dans l'intervalle entre l'audience où il a été conclu et celle à laquelle l'affaire avait été continuée pour entendre le ministère public (1). Cette seconde opinion est la seule possible en présence de l'article 111 du code de procédure civile, et de l'article 87 du décret du 30 mars 1808.

Il se produit donc, dans la pratique, ce fait assez bizarre, c'est que la constitution de l'avoué sera, suivant les cas, tantôt impossible avant le jugement qui constatera le défaut, tantôt possible même après ce jugement.

Il convient maintenant de se fixer sur le sens exact du mot « comparaître ». Ce mot, dans le langage de la procédure, dans le sens d'un exploit d'ajournement, n'oblige pas à venir en personne à l'audience ; peu importe que le défendeur soit présent ou absent à l'appel de la cause, car il n'est pas admis à se présenter en personne à l'audience. Comparaître dans la huitaine, d'après le sens que la loi et l'usage donnent à ce mot, veut dire constituer avoué, faire choix d'un avoué dans les délais

(1) Paris, 4 janvier 1876 ; D. 78, 2, 68 ; S. 76, 2, 193.

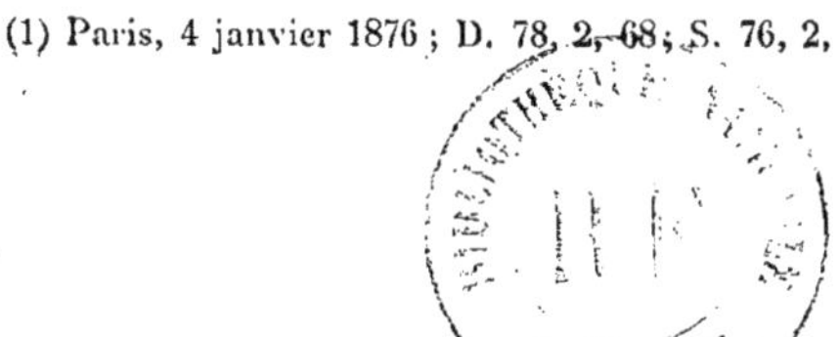

de l'ajournement et notifier cette constitution au demandeur (1).

Si un avoué que le défendeur n'a pas choisi comme mandataire se présente spontanément pour lui, il est certain qu'il peut demander acte de sa constitution et empêcher momentanément le défaut de se produire (2).

Cette constitution d'avoué est nécessaire non pas seulement pour accepter le débat au fond, mais encore pour opposer une exception.

Dans tous les cas où le défendeur reste inactif en présence du demandeur qui use de tous ses moyens, la partie devient inégale entre les deux adversaires. Il en est de même au cas de défaut faute de conclure; le rôle du tribunal étant identique dans ces deux hypothèses, nous en remettons l'étude à plus tard, c'est-à-dire après avoir examiné dans quels cas il peut y avoir défaut faute de conclure.

B. *Défaut faute de conclure.*

Un avoué a été constitué; le moment de conclure est arrivé; deux partis sont possibles pour l'avoué du défendeur : il peut se présenter à l'audience au jour fixé et prendre des conclusions; le jugement

(1) Boitard, *op. cit.*, t. I, p. 194. La remise par le défendeur d'un mémoire au tribunal n'équivaut pas à la constitution d'un avoué (Req., 10 février 1868; D. 68, 1, 391).

(2) Cet avoué agissant sans mandat peut être poursuivi par l'action en désaveu; la situation créée au défendeur par une telle constitution ne devient définitive que par la ratification de ce dernier (Garsonnet, *op. cit.*, t. V, p. 339; Bioche, *op. cit.*, constitution d'avoué, n. 9).

qui interviendra sera contradictoire. S'il refuse de conclure, le jugement sera par défaut.

Un premier point doit être tout d'abord élucidé : à quel moment ces conclusions doivent-elles être prises?

D'après l'article 149 du code de procédure civile, et l'article 69 du décret de 1808, l'avoué du défendeur est tenu de conclure à l'audience à l'appel de la cause.

Ce jour est fixé par l'avenir s'il s'agit d'une affaire ordinaire. Théoriquement la partie la plus diligente a le droit, lorsque les délais accordés pour échanger les défenses sont expirés, de donner avenir (1) pour inviter son adversaire à venir conclure. En pratique, cette faculté est presque toujours exercée par le demandeur.

Dans les affaires sommaires, les délais de l'ajournement écoulés, l'avoué du défendeur constitué, l'audience est suivie immédiatement ; la cause y est portée, plaidée et jugée s'il est possible. Il n'y a plus entre la constitution d'avoué et les plaidoiries cet intervalle destiné à la signification des demandes et des réponses.

Bien que le moment fixé pour conclure soit désigné d'une façon très précise par les textes, la pratique a admis des règles moins rigoureuses.

(1) Cette formalité est indispensable et cet avenir ne peut être valablement donné tant que les délais accordés au défendeur pour répondre ne sont pas expirés (Chauveau-Carré, *op. cit.*, t. II, question 621 quater). Un jugement pris, cette formalité ayant été omise, serait cependant un jugement par défaut (Cass., 1er février 1848, *Journal des avoués*, t. LXXVI, p. 461), mais ce jugement pourrait être annulé (Paris, 20 avril 1849, *Journal des avoués*, t. LXXIV, p. 539 (Chauveau-Carré, *op. cit.*, Supplément, jugement par défaut, n. 8 ; Bioche, *op. cit.*, jugement par défaut, n. 93).

Tout jugement qui constate le défaut peut être rabattu à l'audience même où il a été prononcé. Aussi, dans quelques tribunaux et principalement à Paris, ce jugement n'est prononcé que « sauf l'audience » ; tant qu'elle n'est pas levée le défendeur peut valablement conclure (1) ; mais la fin de l'audience à laquelle le défaut a été prononcé est le terme extrême pour le rabattre ; il serait trop tard le lendemain.

Dans quelques cas le dépôt de conclusions fait après est cependant valable, et rend le procès contradictoire.

Le prononcé du défaut peut être remis à une audience ultérieure, soit sur la demande du défendeur, soit d'office par le tribunal qui désire entendre les conclusions du ministère public ; dans ces deux cas le défendeur peut conclure jusqu'à l'audience indiquée (2).

S'il a été convenu entre les parties qu'elles prendraient seulement des conclusions de forme à la première audience, à l'ffet d'obtenir le classement de la cause, il est certain que des conclusions définitives et contradictoires peuvent être prises à une audience ultérieure (3).

(1) Il est admis que le rabat du défaut n'est possible qu'en concluant au fond (Bioche, *op. cit.*, jugement par défaut, n. 97 ; Chauveau-Carré, *op. cit.*, t. II, question 621 ; Garsonnet, *op. cit.*, t. V, p. 353).

(2) Le défendeur peut n'avoir pas comparu lorsque la remise est ordonnée d'office par le tribunal ; pour rendre le jugement contradictoire il doit comparaître et conclure en même temps. Civ. rej., 26 avril 1859 ; D. 59, 1, 181 ; civ. rej., 23 août 1865 ; D. 65, 1, 252 ; Amiens, 27 mai 1872 ; D. 72, 2, 196.

(3) Cass., 14 août 1832 ; S. 33, 1, 311.

Les conclusions sont l'énoncé des prétentions des parties ; le demandeur reproduit le libellé de son ajournement, le défendeur le contenu de ses défenses ; mais tandis que l'ajournement et les défenses sont échangés entre les parties, les conclusions s'adressent au tribunal (1).

Peu importe que l'avoué du défendeur se présente sans conclure, ou qu'il ne se présente pas ; le résultat est le même dans les deux cas et il faut évidemment sur ce point compléter l'article 149 (2). La présence de l'avoué à la barre ne suffit pas ; le rôle de l'avoué qui vient à l'audience pour conclure n'est pas un rôle passif ; il faut au contraire qu'il manifeste clairement son intention par certains actes ; il faut qu'il réponde au défi porté par l'adversaire, sans cela il est vrai de dire qu'il fait défaut.

Parfois, dans la pratique, l'avoué présent à la barre ne conclut pas, mais remet des mémoires au tribunal. Ces mémoires ne peuvent remplacer des conclusions et le jugement est par défaut faute de conclure.

Que faut-il décider lorsque l'avoué déclare qu'il n'entend ni avouer ni contester ? Il faut sans aucun doute décider que le jugement qui intervient est contradictoire ; la même solution s'impose si le défendeur déclare s'en rapporter à la prudence et à la sagesse des juges. En effet, de pareilles conclusions

(1) Il faut remarquer toutefois, qu'au premier appel d'une cause, les conclusions réciproques des parties sont souvent, à Paris du moins, tout à fait banales, et n'ont d'autre but que de poser qualité. Glasson, *op. cit.*, t. I, p. 431.

(2) Garsonnet, *op. cit.*, t. V, p. 340 ; Bioche, *op. cit.*, jugement par défaut, n. 83 ; Boitard, *op. cit.*, t. I, p. 331.

constituent des défenses, et tendent à faire obtenir ce que le défendeur considère comme son droit (1).

Au contraire un jugement est par défaut, faute de conclure, lorsque l'avoué garde le silence, après avoir déposé, à une première audience, des conclusions tendant à ce qu'on lui adjuge celles qui seront ultérieurement signifiées; la situation est la même que s'il refusait de conclure tout d'abord (2).

Le fait de conclure est un point important, capital dans un procès. Du moment où les conclusions ont été prises à l'audience par le défendeur, ce dernier ne peut plus en principe faire défaut.

Que les conclusions aient été ou non signifiées (3), que l'avocat se présente ou non aux audiences suivantes pour plaider, peu importe, la cause est en état et le jugement qui intervient est contradictoire.

Dans l'ancien droit une cause n'était considérée comme étant en état que si le rôle des parties était fini. Aujourd'hui il n'en est plus ainsi; une cause est en état au moment où les conclusions sont prises, bien que les plaidoiries ne soient pas encore commencées.

Si une partie est jugée sans que son avocat ait été entendu, sa situation peut être très grave, et d'autant plus grave qu'elle est quelquefois définitive. En pratique on ne refuse jamais à un plaideur qui le requiert la remise de l'affaire, afin de permettre à

(1) Paris, 4 février 1806, P. Chr.

(2) Bordeaux, 20 juin 1832, P. Chr.

(3) Les avoués doivent signifier les conclusions avant de les prendre à l'audience; cependant, si cette formalité est omise on passe outre, et le jugement est néanmoins contradictoire si ces conclusions ont été prises à l'audience.

l'avocat de développer les conclusions posées par l'avoué de son client.

Il n'en est pas moins vrai qu'au point de vue théorique on s'est posé la question de savoir si le législateur avait réellement apporté un changement à l'état de choses antérieur ?

Certains auteurs prétendent que le débat n'est contradictoirement engagé qu'après les plaidoiries qui ont dû être précédées de conclusions sérieusement prises à l'audience.

Les auteurs de cette première opinion invoquent tout d'abord l'article 343 du code de procédure civile ; cet article, disent-ils, parle de plaidoiries et non de simples conclusions déposées à la hâte ; le législateur, expliquant sa pensée, a voulu que la fiction de conclusions réputées plaidoiries ne soit possible qu'au moment où les fonctions de l'avoué sont devenues superflues. Le législateur n'a pas voulu innover, or dans l'ancien droit une cause n'était en état que lorsque les plaidoiries étaient terminées (1). A ces arguments ils ajoutent le suivant: la raison se refuse à admettre que de simples conclusions, posées contradictoirement à l'audience, puissent éclairer le tribunal sur les moyens de la cause ; ces moyens, il est vrai, pourront être développés plus tard, mais ils ne le seront que d'une manière incomplète (2).

Aux arguments présentés par les partisans de la première théorie, il convient d'opposer le texte même de l'article 343, que nous transcrivons : « *l'affaire*

(1) Cf. Rodier : *Commentaire de l'ordonnance de 1667*, p. 413 ; Jousse, *op. cit.*, t. II, p. 426.

(2) Chauveau-Carré, *op. cit.*, t. II, question 613 bis.

sera en état lorsque la plaidoirie sera commencée ; la plaidoirie sera réputée commencée quand les conclusions auront été contradictoirement prises à l'audience ». Ce texte est suffisamment explicite. De plus l'intention du législateur ne fait aucun doute ; il a voulu avant tout rendre les procès moins longs, et les jugements par défaut moins nombreux (1). Enfin, si on complète l'article 343 par l'article 28 du décret du 30 mars 1808, il est évident que c'est à l'audience où les conclusions ont été prises que la cause est en état et que le débat devient contradictoire.

On peut trouver des arrêts en faveur de chacune de ces deux théories, mais aujourd'hui la jurisprudence semble définitivement admettre la seconde et refuser ainsi toute place à l'arbitraire (2).

On doit donc tenir pour certain que des conclusions prises à l'audience, si imparfaites qu'elles puissent être, suffisent pour rendre la cause en état et le débat contradictoire.

Le fait de prendre des conclusions étant tout extérieur, tout absolu, facile à prouver et ne se prêtant à aucune discussion, il semble au premier abord qu'il soit très simple de distinguer un jugement contradictoire d'un jugement par défaut, et parmi ces derniers un jugement par défaut faute de comparaître d'un jugement par défaut faute de conclure. S'il n'y a pas eu de conclusions prises à l'audience, un jugement par défaut est seul possible; dans le cas contraire le jugement est contradictoire.

(1) Fenet, *op. cit.*, t. I, p. 135.

(2) Cass., 24 avril 1834; S. 34, 1, 288; Cass., 20 juillet 1858; D. 58, 1, 403; Rodière, *op. cit.*, t. I, p. 295; Garsonnet, *op. cit.*, t. II, § 265.

Le plus souvent cette distinction sera très facile à faire ; cependant, dans quelques hypothèses, elle a donné lieu à des questions très controversées.

Ainsi on s'est demandé quelle est la nature du défaut lorsque le défendeur ne conclue que sur un incident ? Le jugement qui statue sur le fond est-il par défaut faute de comparaître ou par défaut faute de conclure ?

Un arrêt de la Cour de cassation tranchant la question indirectement a admis que le jugement était par défaut faute de comparaître (1). Voici les arguments à l'appui de cette théorie. La constitution d'avoué contient le mandat du défendeur qui, libre de ne pas constituer, peut, lorsqu'il constitue, donner mandat sous les conditions et les restrictions qu'il lui plaît. Si un avoué déclare que son mandat lui permet seulement de se constituer pour plaider sur le déclinatoire, sur le fond le défendeur n'est pas représenté, et il y a défaut faute de comparaître.

Peut-être ce raisonnement n'est-il que trop précis et trop logique ? Le principe posé est vrai, mais les conséquences semblent exagérées ; ne serait-il point préférable d'élargir le texte de la loi et de considérer les motifs qui l'ont fait naître ? Lorsque le défendeur a eu connaissance de l'assignation et qu'il le manifeste d'une façon aussi évidente, le défaut faute de comparaître ne peut avoir lieu. Nous ne pouvons nous résoudre à admettre qu'un défendeur puisse se prévaloir de sa mauvaise foi, pour obtenir les garanties spéciales qui découlent du défaut faute

(1) Cass., 18 janvier 1830 ; S. 30, 1, 428.

de comparaître, surtout lorsque nous pensons que ces garanties sont autant d'atteintes aux droits du demandeur (1).

Il existe une seconde question également très discutée en jurisprudence et en doctrine: c'est celle de savoir quelle est la nature du jugement par défaut, lorsqu'un avoué constitué par le défendeur déclare ne plus pouvoir occuper pour elle (2)?

Le principal argument présenté par les auteurs, partisans d'une première théorie, est le suivant (3): lorsqu'un avoué refuse d'accomplir son mandat, l'arrêt qui intervient est censé rendu contre une partie qui n'a pas d'avoué et le jugement ne peut être que par défaut faute de comparaître. Plusieurs arrêts ont été rendus en ce sens (4).

Malgré l'autorité des auteurs qui soutiennent ce système et des quelques arrêts qui l'ont admis, leurs arguments ne nous semblent pas décisifs et nous pensons que l'opinion contraire est établie sur des bases plus solides.

Le ministère de l'avoué étant forcé en principe (5), l'acceptation du mandat par ce dernier n'est pas

(1) Sur cette controverse voir Chauveau-Carré, *op. cit.*, t. II, question 614 bis, et supplément, jugement par défaut, § 16 et 17; Bioche, *op. cit.*, jugement par défaut, n. 12; Rousseau et Laisney, *op. cit.*, jugement par défaut, n. 3; Garsonnet, *op. cit.*, t. V, p. 362; Paris, 24 juillet 1849; *Journal des avoués*, t. LXXIV, p. 758; Cass., 8 avril 1868; D. 68, 1, 297.

(2) L'avoué qui a été constitué peut refuser de conclure, en prétextant qu'il n'a pas reçu d'instructions ou que les renseignements qu'il possède sur la nature et l'objet du débat ne sont pas assez précis.

(3) Chauveau-Carré, *op. cit.*, t. II, question 616; Poncet, *op. cit.*, t. I, n. 194; Berriat, *op. cit.*, titre de l'opposition, n. 14.

(4) Limoges, 9 novembre 1808; Nîmes, 18 novembre 1808; P. Chr.

(5) Dans quelques cas l'avoué n'est pas tenu de représenter un plaideur; cf. Leboucher: *Du mandat ad litem de l'avoué*, thèse, Caen, 1901.

nécessaire ; l'avoué représente le plaideur tant qu'il n'est pas révoqué, et le jugement qui intervient après la constitution ne peut pas être un jugement par défaut faute de comparaître. Un avoué a bien le droit de déclarer à un plaideur qu'il ne peut ou ne veut plus le représenter, mais cette déclaration n'est valable que vis-à-vis du mandant ; à l'égard de l'adversaire de son client elle ne produit son effet que par une notification accompagnée d'une constitution d'un nouvel avoué. D'autre part le demandeur, lorsque son adversaire a comparu, a le droit d'obtenir contre ce dernier un jugement qui n'ait pas les inconvénients inhérents au jugement par défaut faute de comparaître ; et, il ne serait jamais certain de l'obtenir, si l'avoué du défendeur pouvait l'empêcher en refusant d'accomplir le mandat dont il est investi. Enfin, à ces arguments on peut en ajouter un dernier : le défendeur a eu connaissance du procès, et en admettant le défaut faute de comparaître, on ne se conformerait certainement pas à l'esprit de la loi (1).

On pourrait citer de nombreux arrêts à l'appui de cette seconde théorie. Ainsi il a été décidé ce qui suit par un jugement de Pau (2) : la loi ne connaît que deux jugements par défaut : celui faute de conclure lorsqu'il y a eu un avoué de constitué, et celui contre partie lorsqu'il n'y a pas eu de constitution ; or le code ne renfermant aucune disposition

(1) Boncenne, *op. cit.*, t. III, p. 110 ; Chauveau-Carré, *op. cit.*, t. II, question 616 ; Bioche, *op. cit.*, jugement par défaut, n. 87 ; Rousseau et Laisney, *op. cit.*, jugement par défaut, n. 87.

(2) Pau, 2 décembre 1810 ; Chambre des vacations.

qui autorise l'avoué non révoqué à répudier sa nomination, il faut en conclure que cette faculté lui est interdite et qu'il ne peut pas y avoir de défaut faute de comparaître. Peu importe, décide un second jugement (1), que cet avoué ait signifié à sa partie, par acte extrajudiciaire, son intention de ne plus occuper pour elle.

Jusqu'ici, dans toutes les hypothèses que nous avons examinées, le jugement était contradictoire ou par défaut ; dans d'autres cas il peut être en même temps contradictoire et par défaut.

Chaque chef d'un jugement, considéré isolément, forme un jugement distinct et, au point de vue des voies de recours, peut-être soumis à des règles spéciales. C'est l'application de cette ancienne maxime : « *Tot capita, tot sententiæ* ». Les diverses décisions d'un jugement n'ont de commun entre elles que la procédure et le contexte. Il est donc possible qu'un jugement puisse être contradictoire sur un chef et par défaut sur l'autre; il peut être également par défaut faute de comparaître sur l'un et par défaut faute de conclure sur l'autre (2).

Ces trois sortes de jugements peuvent se rencontrer dans le même. Si plusieurs demandes ont été formées contre le même défendeur, ce dernier peut comparaître et conclure sur l'une d'elles et faire

(1) Nancy, 1re chambre, 16 août 1830. Voir également: Lyon, 31 décembre 1811; Cass., 4 mai 1812; Limoges, 26 février 1812; Rennes, 9 mai 1812; P. Chr.

(2) Cette application de la maxime « *Tot capita, tot sententiæ* » a quelquefois donné lieu à des arrêts intéressants à consulter. Civ. rej., 11 août 1868; S. 68, 1, 297; D. 68, 1, 448; Caen, 16 mars 1880; Rec. arr. Caen et Rouen, 1880, 1, 242.

défaut sur les autres. Ce défaut sera tantôt faute de comparaître, tantôt faute de conclure : faute de conclure si toutes ces demandes ont été formées par le même exploit d'ajournement, et par conséquent connues de lui ; faute de comparaître si ces demandes ont été formées par des ajournements successifs, dont il a connu le premier puisqu'il a constitué avoué, mais dont il a pu et dont il est même présumé ignorer les autres (1).

Dans d'autres hypothèses une affaire commencée contradictoirement peut se terminer par défaut ; il suffit de supposer, qu'après les conclusions prises, soit intervenu un événement qui ait nécessité la pose de nouvelles conclusions et que le défendeur ait refusé d'en prendre.

Si le tribunal ne fait que continuer ou renvoyer la cause à une autre audience, les conclusions prises à la première suffisent pour rendre le jugement contradictoire, sans qu'il soit nécessaire de les renouveler.

Mais si le personnel du tribunal est changé, ou si un partage s'est produit et qu'il soit nécessaire d'appeler un ou plusieurs juges nouveaux, qui n'ont pas assisté aux premières audiences où les qualités ont été posées, les conclusions prises et les plaidoiries entendues, il ne peut être statué contradictoirement sur la contestation, qu'autant que les conclusions ont été reprises et les plaidoiries recommencées devant ces nouveaux magistrats (2).

(1) Cass., 1er février 1841 ; P. Chr.

(2) Cass., 15 juillet 1839 ; S. 39, 1, 887 ; Cass., 13 juin 1860 ; S. 61, 1, 24 ; D. 60, 1, 479.

Dans d'autres cas la nécessité de poser de nouvelles conclusions est généralement admise. Lorsqu'un jugement interlocutoire est rendu les conclusions doivent être reprises. En cas de remise de la cause il n'en est plus ainsi, car rien ne peut changer l'état de la question, invariablement fixé à la première audience par la pose des conclusions. Mais l'instruction qu'un jugement interlocutoire ordonne peut avoir pour effet de modifier la contestation; aussi le jugement qui intervient sur le fond ne peut être contradictoire, que si depuis l'instruction les parties ont renouvelé leurs conclusions (1).

Que faudrait-il décider s'il s'agissait d'un simple jugement préparatoire? Peut-être serait-il prudent de distinguer ceux qui peuvent apporter un changement notable à l'état de la cause et ceux qui n'ont sur ce point aucune influence. Le renouvellement des conclusions serait utile et seulement exigé dans le premier cas (2).

Nous pouvons maintenant distinguer dans quels cas intervient un jugement contradictoire ou un jugement par défaut, et parmi ces derniers reconnaître s'il est par défaut faute de comparaître ou par défaut faute de conclure.

L'absence du défendeur ne doit pas être un obstacle absolu à la solution du procès; dans la première partie de cette étude nous avons vu que les diverses législations avaient plus ou moins heureu-

(1) Cass., 3 février 1824; P. Chr.; Aix, 28 avril 1871; D. 72, 2, 83; Rodière, *op. cit.*, t. 1, p. 295; Rousseau et Laisney, *op. cit.*, jugement par défaut, n. 75.

(2) Dalloz, jurisprudence, jugement par défaut, § 50.

sement résolu la question; nous allons examiner la solution admise par le législateur de 1807.

C. *Du jugement par défaut.*

D'après les articles 149 et 150 du code de procédure civile, le demandeur a le droit de faire constater le défaut de son adversaire. Il peut exercer ce droit à l'expiration du délai d'ajournement, s'il s'agit du défaut faute de comparaître, à l'audience où les conclusions doivent être prises, s'il s'agit du défaut faute de conclure; toute demande faite auparavant rendrait le jugement nul (1).

Mais il ne s'ensuit pas que c'est à ce moment précis que la demande doit être faite; formulée après elle n'en est pas moins valable, mais le défendeur peut en pratique rendre l'instance contradictoire, en constituant avoué ou en concluant tant que le demandeur n'a pas pris défaut.

En principe cette demande doit être faite par le représentant du demandeur, c'est-à-dire par son avoué; elle devrait se faire par le dépôt sur le bureau du tribunal de conclusions écrites et signées (2), mais la pratique, toujours plus large que

(1) Bioche, *op. cit.*, jugement par défaut, n. 23.

(2) Article 62 du décret du 30 mars 1808. Autrefois le défaut était constaté, non pas à l'audience, mais au greffe par un certificat du greffier; puis, ce certificat une fois délivré, on se présentait à l'audience pour se faire adjuger le profit du défaut. Ces règles posées par l'ordonnance de 1667 avaient été, pendant le XVIIIe siècle, la cause de tant de lenteurs et de frais que le législateur les a proscrites par une disposition formelle de l'article 150. Il n'y a de défaut que si un jugement le constate et une note du greffier attestant qu'il a été donné défaut ne peut remplacer ce jugement (Bourges, 13 août 1884; D. 86, 2, 48).

la loi, a admis l'avoué à requérir défaut par des conclusions verbales.

Sur cette réquisition du demandeur le rôle du tribunal est double.

Il doit tout d'abord constater le défaut (1); ceci, le plus souvent, ne donne lieu à aucune difficulté. Mais si le demandeur ne pouvait obtenir plus, ce jugement ne lui serait d'aucune utilité; peu lui importe, en définitive, que la non-présence de son adversaire soit constatée dans un acte authentique, s'il ne peut obtenir le montant de sa créance.

Aussi, à cette première partie du jugement, qui se borne à constater un fait, vient s'en ajouter une seconde plus importante ; elle consiste à adjuger au demandeur qui le requiert le profit du défaut, c'est-à-dire ses conclusions. L'article 150 décide en effet que « *les conclusions de la partie qui le requiert seront adjugées si elles se trouvent justes et bien vérifiées* ».

(1) Il est nécessaire de mentionner une règle spéciale au divorce — aucune précaution n'est prise en matière de séparation de corps — pour prévenir le défaut et en atténuer l'effet.

L'article 247 du code civil décide ce qui suit: « lorsque l'assignation n'a pas été délivrée à la partie défenderesse et que cette partie fait défaut, le tribunal peut, avant de prononcer le jugement sur le fond, ordonner l'insertion dans les journaux d'un avis destiné à faire connaître à cette partie la demande dont elle est l'objet ».

Le tribunal ne doit pas ordonner la publication du texte même de l'assignation, mais seulement l'insertion d'un avis invitant le défendeur à se rendre au greffe pour y prendre connaissance d'une demande formée contre lui, avec faculté de spécifier qu'il s'agit d'une demande en divorce.

Le projet de loi permettait toute publication, mais certains sénateurs, pensant avec raison que l'honneur des familles était en jeu, obtinrent la limitation des pouvoirs du tribunal (séances des 10 et 22 décembre 1885, *Journal officiel* du 11, débats parlementaires, Sénat, p. 1285 et 1286; journal du 23 décembre, p. 1357).

Ainsi, lorsque le défendeur fait défaut dans l'un des cas prévus par l'article 149, le tribunal doit constater le défaut et en adjuger le profit au demandeur s'il y a lieu.

Ces deux opérations sont, en somme, très distinctes l'une de l'autre; elles peuvent être l'objet de deux jugements ; en fait elles se confondent le plus souvent dans un même acte et dans un même jugement.

De l'article 150 il résulte que le tribunal ne peut se refuser à donner défaut sans commettre un déni de justice; il doit en effet prononcer sur la demande, or il ne peut la juger contradictoirement puisqu'une partie est défaillante; la loi sur ce point est formelle (1).

Toutefois les juges ne sont pas tenus de prononcer le défaut à l'audience même qui a été fixée par l'assignation ou désignée dans l'avenir (2); ils peuvent en renvoyer la prononciation à une audience ultérieure.

Cette solution n'est pas contestée dans le cas où

(1) Bioche, *op. cit.*, jugement par défaut, n. 23; Chauveau-Carré, *op. cit.*, t. II, p. 5; Cass., 4 mars 1873; S. 73, 1, 353; D. 73, 1, 105. Dans ce même arrêt il a été décidé qu'il devait en être ainsi, même si le demandeur n'avait pas conclu au fond; cette solution est logique: en effet, si les conclusions du demandeur sont nécessaires pour permettre au tribunal de rendre son jugement sur le fond, il n'y a aucun motif pour exiger qu'elles aient été prises au moment où le défaut est prononcé.

(2) Il faut remarquer: 1° que si le tribunal a renvoyé à un autre jour — et sans fixer ce jour — le prononcé de son jugement, le jugement prononcé sans renvoi à jour fixe n'en est pas moins valable; 2° que si le tribunal a renvoyé à un jour déterminé le prononcé du jugement, le jugement n'en est pas moins valable, quoiqu'il ait été rendu un autre jour, soit après, soit même avant celui qui avait été primitivement fixé (Req. 28 février 1865; D. 65, 1, 420).

l'assignation a été donnée au délai ordinaire de huitaine. En est-il autrement dans le cas d'une assignation donnée à jour fixe en vertu d'une ordonnance du président ?

On l'a soutenu en disant que le défendeur défaillant doit savoir que le jugement sera pris contre lui au jour fixé par l'assignation et non pas à une date postérieure. Cette théorie semble difficile à soutenir. La faculté pour le tribunal de prononcer le jugement à une date ultérieure est absolue ; la loi ne distingue pas entre une assignation donnée à huitaine et celle donnée à jour fixe (1).

Après avoir constaté le défaut, le tribunal doit en adjuger le profit.

La situation du juge est assez délicate entre un demandeur qui use de tous ses moyens et un défendeur qui ne fait pas valoir les siens. Il est certain que « le juge ne peut se substituer au défendeur et opposer en son nom tous les moyens de défense que le procès suggère ; ce serait priver le demandeur de l'avantage très légitime qu'on appelle le profit du défaut, et qui consiste à avoir plus facilement raison de l'adversaire qui ne se défend pas que de celui qui résiste » (2). D'un autre côté il ne faut pas que le juge condamne le défaillant sans examen ; l'absence d'une partie ne peut être en effet la source d'un droit pour la partie présente.

Il faut cependant reconnaître qu'en pratique le défendeur défaillant paraît généralement dans son

(1) Cass., 4 mars 1873 ; S. 73, 1, 353 ; D. 73, 1, 105 ; Sic : Labbé, observations, S. *loc. cit.*; Dutruc, note, *Journal des avoués*, t. IC, p. 21.

(2) Garsonnet, *op. cit.*, t. V, p. 355.

tort, et est presque toujours condamné sans qu'aucune mesure d'instruction ait été ordonnée. On justifie cette justice trop expéditive en déclarant que le défendeur n'est pas sacrifié puisqu'il a l'opposition à sa disposition. Il n'en est pas moins vrai que cette façon d'agir n'est pas conforme à l'intention du législateur et qu'elle présente de graves dangers. En effet, au moment où le défaillant veut attaquer le jugement, il peut être privé des moyens de preuve qu'il aurait pu avoir lors de la première instance.

La preuve que le juge ne doit pas condamner sans examen résulte : 1° de l'article 150 qui prescrit de n'adjuger que des conclusions justes et bien vérifiées, et qui autorise le tribunal à faire mettre les pièces sur le bureau pour les étudier et à ne statuer qu'à l'audience suivante ; 2° de l'article 123 qui suppose qu'un délai de grâce peut être accordé au défaillant ; 3° de l'article 257 qui suppose une enquête ordonnée par défaut.

Malgré la facilité avec laquelle les juges sont portés à condamner le défaillant, il y a des conclusions que le moindre examen suffit pour écarter.

Ainsi pour que des conclusions puissent être adjugées au demandeur il faut qu'elles aient été prises dans la demande ou dans les défenses (1). Celles que le demandeur formerait à l'audience, en

(1) Lyon, 17 juillet 1844 ; S. 45, 2, 424 ; Cass., 21 février 1877 ; S. 78, 1, 51 ; D. 77, 1, 349.

Il a été également jugé que le tribunal ne pouvait adjuger au demandeur les conclusions par lui prises à la barre contre une partie défaillante qu'il n'a pas lui-même assignée et qui a été seulement appelée en garantie par le défendeur. Dijon, 14 juin 1880 ; S. 81, 2, 126.

l'absence de son adversaire, ou des demandes reconventionnelles ne peuvent lui être adjugées.

Toutes ces conclusions, soit qu'elles aient été omises dans l'exploit d'ajournement, soit qu'elles aient été prises pour la première fois à l'audience en l'absence du défendeur, doivent pour pouvoir être accordées être signifiées par un ajournement nouveau.

Des conclusions, légalement prises, n'entraîneront condamnation du défaillant que si elles sont justes et bien vérifiées.

Que signifient ces expressions? Par conclusions justes on entend des conclusions fondées sur le droit. Mais de ce qu'une conclusion est juste il ne s'ensuit pas qu'elle soit vérifiée; elle le sera seulement si elle est constatée par un titre, ou si à défaut de titre elle est prouvée de telle façon que le juge puisse, dans le silence du défendeur, la considérer fondée.

On peut écarter à première vue toute une série de conclusions qui ne remplissent pas ces deux conditions. Ainsi ne peuvent être adjugées au demandeur: 1° des conclusions qui sont contraires à l'ordre public, comme l'action en paiement d'une dette de jeu, ou en exécution d'un pacte sur succession future; 2° des conclusions contraires à la loi, comme la demande en nullité d'une convention pour cause de dol commis par un tiers, ou en rescision pour lésion de plus des sept douzièmes d'une vente faite par autorité de justice ; 3° des conclusions à l'appui desquelles il n'est apporté aucune preuve, comme la demande en dommages-intérêts d'une partie qui ne justifie d'aucun préjudice, ou en partage d'un prétendu héritier qui n'établit pas sa parenté au degré successible (1).

En fait il est rare de voir le demandeur poser des conclusions qui montrent d'une façon aussi évidente le non-fondé de la demande. Le plus souvent le tribunal doit pour être certain que les conclusions sont justes et bien vérifiées prendre le temps de réfléchir ou recourir à l'avis de certaines personnes.

L'article 150 permet aux juges d'ordonner que les pièces soient mises sur le bureau, pour prononcer le jugement à l'audience suivante.

Il est évident que le ministère public doit être entendu lorsque la nature de la cause exige qu'elle lui soit communiquée; dans ce cas le devoir du procureur de la République est de discuter la cause avec tout le soin possible (2).

Le tribunal doit tenir compte de l'absence du défendeur, qui enlève au demandeur certains moyens de preuve, tels que l'aveu et le serment. Peut-être ce dernier aurait-il pu établir son droit par l'un ou l'autre de ces moyens; aussi, les juges, en tenant compte de cette considération, pourront reconnaître l'existence d'une créance, bien que celle-ci soit supérieure à 150 fr., et que le demandeur ne produise ni titre, ni commencement de preuve par écrit (3).

Le tribunal doit-il s'en tenir là, et refuser d'adjuger des conclusions qui ne paraissent pas alors

(1) Ces exemples sont empruntés à l'ouvrage de procédure de M. Garsonnet, *op. cit.*, t. V, p. 356.

(2) Chauveau-Carré, *op. cit.*, t. II, question 619.

(3) Cass., 10 juin 1856; D. 56, 1, 424; Sic: Rodière, *op. cit.*, t. I, p. 296; Chauveau-Carré, *op. cit.*, supplément, jugement par défaut, n. 62; Contra: Bioche, *op. cit.*, jugement par défaut, n. 28.

justes et bien vérifiées ? Peut-il, au contraire, recourir à certains modes de preuve, possibles dans les affaires contradictoires ? Presque tous les auteurs répondent affirmativement.

Le doute pourrait venir de l'article 150 qui permet au tribunal d'ordonner la remise des pièces sur le bureau ; si on interprète ce texte restrictivement aucune autre mesure d'instruction n'est possible.

« Mais ces expressions ont été empruntées un peu légèrement à l'ordonnance de 1667 qui s'en sert pour un cas tout à fait spécial, et le législateur actuel a voulu seulement dire, qu'en cas de défaut du défendeur, le tribunal n'est pas obligé d'accorder sur-le-champ au demandeur le bénéfice de ses conclusions » (1). D'ailleurs, les articles 257 et 261 du code de procédure civile, faisant allusion à des jugements par défaut, prescrivent certaines mesures d'instruction.

Il faut donc reconnaître au tribunal le droit d'ordonner une instruction par écrit, une enquête, une expertise, ou de demander des conclusions au procureur de la République dans les cas où la cause n'est pas communicable (2).

Doit-on aller plus loin ? Lorsque le défendeur fait défaut les tribunaux peuvent-ils rejeter la demande

(1) Glasson, *op. cit.*, t. I, p. 433.

(2) Bioche, *op. cit.*, jugement par défaut, n. 34 ; Bonfils, *op. cit.*, n. 945 ; Garsonnet, *op. cit.*, t. V, p. 357 ; Glasson, *op.* et *loc. cit.* ; Contra : Boncenne, *op. cit.*, t. III, p. 29 ; Boitard, *op. cit.*, t. I, p. 317 ; Chauveau-Carré, *op. cit.*, supplément, jugement par défaut, n. 62 ; Dalloz, jugement par défaut, n. 10.

en motivant leur décision sur un moyen de nullité ?

La négative a été soutenue. L'article 150, disent les partisans de ce système, par ces mots « conclusions justes et bien vérifiées », laisse supposer que l'examen du fond est seul possible ; il est également admis, ajoutent-ils, qu'un moyen de nullité ne peut être invoqué que par la partie et avant tout examen du fond. Il est donc impossible d'admettre, concluent-ils, que les juges, pour rejeter la demande, puissent suppléer d'office un moyen de nullité.

Des arguments, à notre avis plus probants, peuvent être opposés à ceux-ci.

Pourquoi ne pas admettre que l'examen du juge puisse porter sur l'introduction de la demande, comme sur la demande elle-même ? L'assignation étant défectueuse, c'est comme si le défendeur n'avait pas été appelé, et nul ne peut être condamné s'il n'a pu se défendre. La vérification d'une nullité sera même plus facile que la vérification du fond de la cause. On est bien forcé d'accorder à un tribunal le droit de repousser une demande, lorsqu'il ne reconnaît pas sa compétence ; on admet alors que, dans le cas d'incompétence, les termes de l'article 150 ne sont pas limitatifs, aussi, pour être logique, on doit donner la même solution dans le cas de nullité. Lorsque le défendeur se présente et ne propose pas la nullité, il est certain qu'elle est couverte par son silence ; mais non lorsqu'il ne comparaît pas. « Le rôle du juge ne doit pas être circonscrit dans les limites que les partisans de la première théorie voudraient lui tracer ; sa mission est plus grande, plus noble, plus digne; elle consiste à se mettre à la place de l'assigné et à examiner la demande en la forme et au fond » (1).

Il y a même deux cas dans lesquels les tribunaux, même d'office, devraient toujours ordonner des mesures d'instruction: dans les affaires qui intéressent l'ordre public, comme en matière de divorce, et dans les cas où l'aveu exprès ou tacite n'est pas admis par la loi comme moyen de preuve. « Supprimer l'instruction dans ces circonstances, c'est donner aux plaideurs le moyen de tourner les lois d'ordre public, ou d'introduire l'aveu tacite sous forme de défaut » (2).

Pour terminer l'étude de ce paragraphe une dernière question doit être examinée.

Lorsque le demandeur a obtenu jugement par défaut, peut-il s'en désister s'il s'aperçoit qu'il a demandé moins que son dû, pour former une nouvelle demande qui comprenne sa créance tout entière?

Le demandeur peut se désister de sa demande, tant que le défendeur n'a pas acquiescé; il n'y a pas encore eu de contrat, puisque la réunion des deux volontés ne se forme que par l'acquiescement.

Lorsqu'un jugement par défaut emportant condamnation est intervenu, on pourrait, semble-t-il, déduire de l'article 1211 du code civil *in fine* que le demandeur ne peut, en s'en désistant, former une nouvelle demande.

(1) Boncenne, *op. cit.*, t. III, p. 302; Chauveau, *op. cit.*, t. II, question 616 ter; Garsonnet, *op. cit.*, t. V, p. 358; Contra: Chauveau-Carré, *op. cit.*, t. II, question 748.

(2) Glasson, *op. cit.*, t. I, p. 433.

Cette solution serait trop générale; il faut établir une distinction.

Si le condamné ne réclame pas contre le jugement, on doit considérer son silence comme un acquiescement à la condamnation; dès qu'il y a cet accord tacite de volontés, on peut dire qu'il y a un contrat, que le demandeur seul ne peut rompre.

Mais s'il réclame contre le jugement et en poursuit la réformation, il n'y a pas d'acquiescement à la condamnation, d'accord de volontés, par conséquent de contrat, aussi le demandeur est libre de former une nouvelle demande (1).

Jusqu'ici nous avons supposé que le défendeur était tenu de constituer avoué; les règles que nous avons établies ne peuvent plus s'appliquer lorsqu'il en est dispensé.

§ 2: Règles spéciales sur le défaut faute de comparaître et le défaut faute de conclure.

Dans les affaires ordinaires un jugement par défaut suppose que le défendeur n'a pas constitué avoué, ou que ce dernier n'a pas déposé de conclusions. L'étude du jugement par défaut faute de comparaître ou faute de conclure nous a retenu quelque temps, et

(1) Pigeon: *Commentaire*, t. I, p. 342.

Pour rendre plus claire cette distinction on peut en établir une seconde.

S'il s'agit d'une demande en dommages-intérêts pour inexécution d'une convention, le jugement par défaut contient chose jugée sur l'action et la distinction établie ci-dessus est entièrement applicable.

Mais si le demandeur conclut au paiement d'une certaine somme, en vertu d'un contrat de prêt par exemple, il aura toujours le droit de réclamer ce qui lui est dû s'il n'a obtenu condamnation que pour partie; il devra procéder alors, non pas par voie de désistement, mais par action principale (Chauveau-Carré, *op. cit.*, t. II, question 615 bis).

nous avons essayé de préciser quelques points laissés obscurs par le législateur.

Lorsque la partie citée en justice est dispensée de l'obligation de recourir au ministère de l'avoué, et qu'il lui est permis de présenter elle-même sa défense, il est évident que si le défaut faute de comparaître et le défaut faute de conclure existent encore, ils sont soumis à des règles différentes de celles que nous venons de présenter.

Cette hypothèse spéciale nécessitera quelques remarques importantes qui feront l'objet d'un paragraphe.

Le ministère de l'avoué est facultatif dans certains cas et même prohibé dans d'autres.

La loi ne veut pas que la partie soit accompagnée de son avoué soit dans l'interrogatoire sur faits et articles, soit dans la tentative de conciliation, faite par le président du tribunal en matière de divorce ou de séparation de corps (1).

Quand on dit que le ministère de l'avoué est facultatif, cela signifie que le plaideur peut y recourir, mais n'y est pas obligé, et qu'il a le droit de conduire lui-même la procédure.

Sont compris dans cette règle :

1° Le préfet lorsqu'il agit pour le compte de l'État dans les affaires domaniales (2) ;

2° L'administration des contributions indirectes,

(1) Articles 333 et 877 du code de procédure civile.

(2) Arrêté du Directoire du 10 thermidor an IV. Cette solution peut surprendre au premier abord, car à cette époque il n'y avait pas encore de préfets, et il n'y avait plus d'avoués. Mais l'arrêté du Directoire porte que le préfet sera représenté par le ministère public, et ce principe n'a pas été abrogé par les lois qui ont organisé les avoués.

celle des douanes, celle des hospices, et les proviseurs des lycées (1);

3° Les particuliers qui plaident contre le domaine de l'État ou contre les hospices, sont tenus de constituer avoué selon le droit commun; mais ceux qui plaident contre les autres administrations sont libres de se faire représenter comme ils l'entendent; s'ils constituent avoué ils en supportent les frais;

4° Le ministère de l'avoué est également facultatif pour le client qui est obligé d'agir en restitution de pièces contre son propre avoué (2).

En ce qui concerne l'État et les administrations publiques on s'est demandé s'ils pouvaient à leur gré renoncer au privilège de ne pas constituer?

Quelques arrêts ont répondu négativement en déclarant que le législateur ne leur avait pas accordé la faculté de faire ce choix (3).

L'opinion contraire, prétendant que ce privilège est purement facultatif, a fini par prévaloir. Pourquoi, en effet, priver l'État et les administrations publiques de la garantie que les parties trouvent dans le ministère des avoués? C'est aujourd'hui un point constant en jurisprudence et en doctrine que les préfets peuvent, s'ils le désirent, procéder dans les affaires particulières comme de simples parti-

(1) Loi du 4 germinal an II, titre VI, art. 17; loi du 27 ventôse an IX, art. 17; arrêté du 5 messidor an IX, art. 14; décret du 1er juillet 1809, art. 11; ordonnance du 12 mars 1817, art. 16; loi du 23 août 1871, art. 13.

(2) Glasson, *op. cit.*, t. I, p. 102.

(3) Voir entre autres Nancy, 21 juin 1830; P. Chr.

culiers (1), sans que les parties puissent s'y opposer (2).

Il faut donc admettre, sans aucune restriction, que toutes les personnes énumérées ci-dessus sont libres de constituer ou de ne pas constituer avoué.

Si elles constituent avoué, elles rentrent dans le droit commun, et les règles sur le défaut que nous connaissons leur deviennent applicables. En effet, s'il est bien vrai que l'État et les autres administrations sont dispensées de constituer avoué, il n'y a aucun motif pour les dispenser, s'ils remplissent cette formalité, de suivre la procédure ordinaire imposée à la majorité des plaideurs. Admettre le contraire serait créer un double privilège, nuisible aux intérêts de la justice parce qu'il pourrait induire en erreur la partie adverse (3). Il faut remarquer que, dans cette hypothèse, le défaut faute de conclure est seul possible puisqu'il y a eu constitution d'avoué.

Supposons qu'elles n'usent pas de la faculté de se faire représenter en justice.

De deux choses l'une : ou elles signifient des mémoires en réponse à la demande, ou elles s'abstiennent d'en signifier. Dans le premier cas cette signification vaut tout à la fois comparution et prise de conclusions ; l'instance est par conséquent contradictoire, et ne cesserait pas de l'être quand même

(1) Poitiers, 5 février 1829 ; P. Chr. ; Nancy, 28 mars 1831 ; S. 31, 2, 158 ; Toulouse, 29 juin 1831 ; S. 31, 2, 327 ; Paris, 2 juin 1834 ; S. 34, 2, 353.

(2) Bourges, 7 février 1828 ; P. Chr. ; Dalloz, jurisprudence, jugement par défaut, n. 383.

(3) Poitiers, 5 février 1829, *Journal des avoués*, t. XXXVII, p. 64.

elles ne répondraient pas ensuite aux défenses que la partie adverse pourrait signifier (1).

Dans le second cas elles font défaut faute de comparaître puisqu'elles refusent d'accepter le débat, et qu'elles se mettent dans la même situation qu'un particulier qui ne répondrait pas à la demande formée contre lui (2).

Ainsi il a été jugé qu'un jugement rendu contre la régie de l'enregistrement, sans que cette administration ait fait signifier ses défenses, ne cesse pas d'être un jugement par défaut et ne devient pas contradictoire par cela seul qu'il a été précédé des conclusions du procureur de la République (3).

Mais il a été décidé qu'une partie qui a formé opposition motivée à une contrainte, décernée contre elle par la régie de l'enregistrement, est en état de défense contradictoire; il n'y a pas besoin pour cela d'autres instructions par mémoires produits de sa part. Le jugement qui intervient est par conséquent contradictoire (4). Il a été jugé de même en matière de contributions indirectes (5).

Dans un procès les rôles joués comme défendeurs par le préfet et le procureur de la République méritent quelques explications supplémentaires.

Le préfet a, comme tout autre plaideur, la faculté

(1) Bioche, *op. cit.*, jugement par défaut, n. 14.

(2) Bioche, *op.* et *loc. cit.*, n. 13.

(3) Cass., 2 juillet 1807; 11 mars 1812; *Journal des avoués*, t. IX, p. 218, et t. XV, p. 299.

(4) Cass., 24 avril 1822; 24 août 1835; S. 35, 1, 687; Cass., 19 novembre 1880; S. 81, 1, 327; D. 81, 1, 17.

(5) Cass., 28 décembre 1886; S. 87, 1, 31; D. 87, 1, 320.

de faire défaut, et il n'est représenté par le procureur de la République que s'il le veut bien (1).

Lorsqu'il refuse de se faire représenter quelle est la nature du défaut ?

Un arrêt a décidé que le jugement intervenu dans ces circonstances était par défaut faute de conclure, car le préfet était représenté de plein droit par le ministère public (2).

Cet arrêt semble une erreur. Le procureur de la République ne représente le préfet que s'il en a reçu l'ordre ; alors il lit à l'audience les mémoires qui lui ont été transmis et la décision rendue est contradictoire. Mais s'il ne lit aucun mémoire, ne prend aucune conclusion au nom du préfet, s'il se borne à conclure comme orateur de la loi, on ne peut pas dire que l'État est représenté et le jugement intervenu est par défaut faute de comparaître (3).

Le ministère public peut être dans un procès défendeur principal, et cette circonstance a donné lieu à une question très controversée : devant un tribunal de première instance le procureur de la République peut-il faire défaut en ne comparaissant pas ou en ne concluant pas ?

Quelques auteurs enseignent qu'il ne fait jamais

(1) Le procureur de la République devient alors le mandataire *ad litem* du préfet, au moins en ce qui concerne les significations à recevoir des actes de procédure faits par la partie adverse.

(2) Cass., 24 juillet 1833; S. 33, 1, 689.

(3) Si le préfet a élu domicile au parquet du tribunal pour une affaire où il est défendeur, cette élection de domicile prouve que la demande lui est parvenue mais ne vaut pas comparution (Bioche, *op. cit.*, jugement par défaut, n. 15).

défaut que faute de comparaître (1). Devant les tribunaux de première instance, disent-ils, le défaut faute de conclure consiste à ne pas prendre de conclusions à l'audience pour laquelle il a été donné avenir à cet effet; or cette formalité ne peut être remplie dans les instances où le ministère public, partie principale, n'a pas constitué d'avoué.

Cet argument est loin d'être décisif. Il est certain que dans une affaire ordinaire, lorsqu'un avoué a été constitué, l'absence de conclusions au jour fixé par l'avenir constitue le défaut faute de conclure. Dans l'hypothèse qui nous intéresse, nous avons une affaire qui, par exception, ne nécessite pas la présence de l'avoué, et il est à présumer que les règles ordinaires ne sont plus applicables. N'est-ce pas ce qui a lieu dans les affaires commerciales où la formalité de l'avenir n'est plus exigée. Dans les affaires civiles où la constitution d'avoué n'est pas nécessaire, un simple avis remplace l'avenir.

Le ministère public, étant partie principale, est en même temps partie jointe; sa présence est alors nécessaire, et le jugement rendu en son absence ne serait pas valable. Dans ces conditions on ne conçoit donc pas qu'il puisse y avoir défaut faute de comparaître. Lorsque le procureur de la République est présent, il peut ne prendre la parole que comme partie jointe, et refuser de prendre des conclusions en tant que partie principale; n'est-ce pas les traits caractéristiques du défaut faute de conclure, et non du défaut faute de comparaître ! La valeur de ces

(1) Voir entre autres Alglave: *Actions du ministère public en matière civile,* t. II, p. 142 et suivantes.

arguments doit, à notre avis, faire prévaloir la seconde théorie (1).

Nous venons d'étudier une des complications dont est susceptible la théorie du défaut du défendeur. Elle n'est pas la seule et notre tâche est loin d'être terminée.

Nous avons jusqu'à présent supposé que le demandeur a actionné un seul défendeur. S'il en a mis deux ou plusieurs en cause, la présence des uns, l'absence des autres font souvent naître des difficultés que le législateur a dû comprendre dans ses prévisions.

§ 3 : Il y a plusieurs défendeurs.

La pluralité de défendeurs peut amener trois complications : 1° tous font défaut ; 2° les uns comparaissent et les autres font défaut contre partie ; 3° tous comparaissent, mais les uns prennent des conclusions et les autres font défaut faute de conclure.

A. *Tous font défaut.*

Plusieurs défendeurs ont été assignés devant un tribunal de première instance.

Si c'est au même délai le défaut se produit le même jour pour toutes ces personnes, et le tribunal ne doit, par raison d'économie, prendre contre elles qu'un seul jugement.

Cette règle n'est pas formellement énoncée dans

(1) Garsonnet, *op. cit.*, t. V, p. 359.

les articles 151 et 152 qui ne prévoient que le cas où les délais sont différents ; mais le but poursuivi par le législateur dans une hypothèse analogue permet d'affirmer que dans ce cas un seul jugement doit être pris.

Les défendeurs ont été assignés à des délais différents ; le délai de huitaine a pu être augmenté pour les uns conformément à l'article 1033, ou restreint en vertu d'une permission d'assigner à bref délai. Il est alors certain que chaque défendeur ne fait défaut qu'à l'expiration du délai qui le concerne. Lorsqu'ils font tous défaut les articles 151 et 152 prescrivent deux règles : 1° prendre un seul jugement ; 2° prendre défaut à l'expiration du plus long délai.

La première règle n'a qu'une sanction pécuniaire. S'il est pris deux ou plusieurs jugements, ces jugements ne sont pas nuls, mais « les frais desdits défauts n'entreront point en taxe, et resteront à la charge de l'avoué sans qu'il puisse les répéter contre la partie » (1). Il est utile de faire remarquer que l'avoué supportera les frais de tous les jugements moins un, car ceux-là seulement sont frustatoires.

Quelle est la sanction de la seconde règle ? A-t-elle seulement une sanction pécuniaire ? Est-elle, au contraire, prescrite à peine de nullité ?

Une première opinion, qui réunit la majorité des auteurs, prétend que la sanction est seulement pécuniaire. Les droits de la défense ne sont pas violés puisque chaque défendeur n'est condamné qu'à

(1) Article 152, c. pr. civ.

9

l'expiration du délai qui lui est imparti. La nullité n'est pas prononcée par l'article 151, alors pourquoi admettre une sanction plus rigoureuse que celle prononcée par l'article 152 ? Les règles posées par ces deux articles tendent au même but ; elles se complètent l'une l'autre, aussi l'infraction à l'article 151 ne doit pas entraîner une peine différente de celle résultant de l'infraction à l'article 152. Il faut donc admettre, concluent les partisans de ce premier système, que l'avoué devra supporter les frais des jugements trop hâtivement requis, mais que ces jugements seront valables (1).

La seconde théorie nous semble préférable. Les règles imposées par ces deux articles tendent, il est vrai, au même but : l'obtention d'un seul jugement. Mais la violation de la seconde doit entraîner une sanction rigoureuse à cause des conséquences graves qui peuvent en résulter. Le plus long délai étant écoulé sans qu'aucun des défendeurs ne se soit présenté, il ne peut y avoir lieu ni à jonction ni à réassignation ; l'état de la cause est définitivement fixé. Si on défend à l'avoué de prendre alors défaut contre chaque défaillant par jugement séparé, c'est pour éviter des frais inutiles ; aussi on comprend facilement que la violation de cette règle n'entraîne qu'une sanction pécuniaire. Au contraire si le défaut est pris avant l'expiration de tous les délais, et avant que le profit du défaut ait été accordé, que devra-t-on faire si un second défendeur comparaît dans le délai qui lui est imparti ? Que signifierait

(1) Glasson, *op. cit.*, t. I, p. 434 ; Bioche, *op. cit.*, jugement par défaut, n. 21 ; Pigeau, *op. cit.*, p. 345 ; Freminville, org. des Cours d'appel, n. 176.

alors un jugement de jonction et une réassignation des défaillants ? Ne pas admettre la nullité du premier jugement, c'est retomber dans « l'abus des oppositions successives, l'indéfini de la procédure, et la contrariété des jugements » (1).

Les motifs qui nous font préférer cette seconde théorie laissent entrevoir un adoucissement possible à la sanction rigoureuse de la violation de l'article 151. Les inconvénients que nous venons de signaler ne peuvent plus se produire si tous les défendeurs font défaut; la nullité du premier jugement n'est plus nécessaire; on retombe alors dans l'hypothèse prévue par l'article 152 dont la violation entraîne une sanction seulement pécuniaire. A notre avis, il n'y aura donc nullité du premier jugement que dans le cas où d'autres défendeurs comparaissent valablement après qu'il a été rendu (2).

L'article 151 a fait naître une seconde question; doit-il être applicable au cas seulement où l'objet de la demande est indivisible ?

On pourrait le soutenir en disant ceci : l'article 151 n'a pour but que d'économiser les frais; aussi, il cesse d'être applicable lorsque, l'objet de la demande étant divisible, le demandeur a intérêt à ne pas attendre l'échéance à l'égard des derniers défaillants, si les premiers deviennent insolvables.

A cette première opinion on oppose les arguments suivants : du moment que le défendeur lui-même a, par une même assignation, fait présumer que chacun

(1) Boncenne, *op. cit.*, t. III, p. 39; Chauveau-Carré, *op. cit.*, t. II, question 621 ter.

(2) Garsonnet, *op. cit.*, t. V, p. 365.

des assignés avait un intérêt commun à défendre, l'article 151 doit s'appliquer. L'objet de la demande étant divisible, le demandeur a commis une faute en ne les assignant pas séparément, il doit en supporter les conséquences (1).

Jusqu'ici nous avons supposé que tous les défendeurs font défaut faute de comparaître ; s'ils ont tous constitué avoué, mais s'ils font tous défaut faute de conclure, les articles 151 et 152 sont encore applicables.

Lorsque tous les défendeurs prennent le même parti la situation est assez simple ; elle se complique lorsque les uns comparaissent et que les autres font défaut.

B. *Des défendeurs cités les uns comparaissent et les autres font défaut contre partie. Théorie du défaut profit-joint.*

Plusieurs défendeurs sont assignés au même délai (2) devant un tribunal de première instance ; ils doivent par conséquent comparaître le même jour ; ce jour venu, les uns peuvent constituer avoué, les autres peuvent faire défaut.

Si on n'avait sur ce point aucun texte spécial, voici comment les choses se passeraient : les défendeurs qui ont comparu seraient jugés contradictoirement et le jugement pourrait être susceptible

(1) Boncenne, *op. cit.*, t. III, p. 39 ; Chauveau-Carré, *op. cit.*, t. II, question 621 bis.

(2) Peu importe qu'ils soient assignés au même délai ou à des délais différents, puisque dans ce dernier cas le demandeur ne peut prendre défaut qu'après l'expiration du plus long délai.

d'appel; ceux qui n'ont pas comparu seraient jugés par défaut et pourraient attaquer le jugement par la voie de l'opposition.

Bien que cette façon d'agir soit conforme aux principes, elle a de nombreux inconvénients (1) : elle est très coûteuse, et, chose plus grave, elle peut donner lieu à des décisions opposées. Supposons, en effet, que tous les défendeurs aient été condamnés envers le demandeur; les défaillants peuvent recourir à l'opposition, et présenter alors des moyens de défense qui jusque-là avaient été négligés. Le tribunal, mieux instruit, peut donner gain de cause à ces derniers et nous avons, entre les mêmes parties, dans une cause identique, deux décisions directement opposées et émanées du même tribunal.

Il est à craindre également que les juges hésitent à reconnaître la valeur de ces nouveaux moyens de défense, pour ne point proclamer dans un second jugement qu'ils se sont trompés dans une première sentence.

Les inconvénients de ce système sont d'une telle gravité qu'ils suffisent à le condamner sans un plus ample examen.

Cependant on peut dire qu'il a existé jusqu'au code de procédure civile; aucun texte ne nous apporte la preuve qu'il en ait été autrement en droit romain ou en droit canonique; dans notre ancien droit coutumier nous ne trouvons aucune mention

(1) Ces inconvénients ont déjà été exposés en partie lors de l'étude du règlement du 27 juin 1738 qui apportait pour la procédure devant le conseil du roi des règles nouvelles et contraires à celles de l'ordonnance de 1667. Cf. ci-dessus, p. 73.

d'un système opposé; l'ordonnance de 1667 est muette sur ce point; il faut parvenir jusqu'en 1738 pour trouver à l'état d'ébauche la théorie du défaut profit-joint.

Un règlement du 28 juin (1) déclarait, en effet, que, devant le conseil du roi, le jugement rendu contre la partie présente serait considéré comme contradictoire, même vis-à-vis de la partie absente. Le législateur eut alors le tort de ne prendre aucune précaution en faveur du défaillant que l'on doit présumer n'avoir pas eu connaissance de l'assignation.

Le législateur de 1807 a généralisé et perfectionné ce système; voici ce qu'il édicte dans l'article 153 du code de procédure civile : « *si de deux ou de plusieurs parties assignées l'une fait défaut et l'autre comparait, le profit du défaut sera joint, et le jugement de jonction sera signifié à la partie défaillante par un huissier commis; la signification contiendra assignation au jour auquel la cause sera appelée; il sera statué par un seul jugement qui ne sera pas susceptible d'opposition* ».

Relativement à ce texte nous examinerons les questions suivantes :

a) En quoi consiste la procédure du défaut profit-joint ?

b) A quelles conditions est-elle possible ?

c) Qu'arrivera-t-il si le tribunal omet de s'y conformer?

(1) Cf. ci-dessus, p. 73.

a) *En quoi consiste la procédure du défaut profit-joint.*

Lorsque les délais d'ajournement sont expirés, et qu'à l'appel de la cause un ou plusieurs des défendeurs assignés n'ont pas constitué avoué, le tribunal prend séance tenante ou à une audience ultérieure trois décisions (1) : il donne acte du défaut des défendeurs non comparants, joint le profit du défaut, et ordonne la réassignation des défaillants.

Reprenons ces trois points.

Pour que le tribunal puisse constater le défaut d'un ou de plusieurs défendeurs il faut que le demandeur l'ait requis ; il ne peut le lui accorder d'office sans statuer ultra petita.

Au lieu d'accorder au demandeur le profit du défaut, c'est-à-dire de lui adjuger le bénéfice de ses conclusions, le même jugement réserve pour le moment ce profit, et le joint à la cause contradictoirement engagée avec les défendeurs qui ont comparu. Il n'est pas nécessaire que le demandeur y ait conclu ; le tribunal peut d'office prendre cette décision (2). Les deux causes sont alors jointes, aussi ce jugement est-il appelé jugement de jonction ou par défaut profit-joint.

(1) Lorsque les défendeurs dont les uns comparaissent et les autres font défaut ont été assignés à des délais différents, le défaut profit-joint doit être prononcé à l'expiration du plus long délai. Les juges n'ont pas la faculté de procéder par voie de disjonction et de statuer de suite relativement aux parties qui comparaissent dans le délai qui leur est accordé. Cass., 3 mai 1859 ; S. 59, 1, 741 ; D. 59, 1, 180.

(2) Besançon, 11 juillet 1864 ; S. 65, 2, 107 ; D. 64, 2, 174.

Cette décision est purement préparatoire et ne touche en rien au fond du procès. Le tribunal peut, par le même jugement, ordonner des mesures conservatoires et urgentes, ou de simples mesures d'instruction comme le dépôt de pièces sur le bureau ; mais il ne pourrait pas rendre une décision, qui comme un interlocutoire, par exemple, préjuge le fond (1).

Le tribunal ordonne ensuite que les défendeurs qui n'ont pas comparu soient réassignés ; le législateur, pour rendre plus certaine cette signification, exige qu'elle soit faite par un huissier commis. Le tribunal n'est pas obligé de commettre l'huissier par le jugement même de jonction ; ce dernier peut être commis par un second jugement (2).

La réassignation faite par un huissier non commis est nulle ; mais la nullité serait couverte si le défendeur comparaissant ne soulevait pas ce moyen (3).

Une controverse s'est élevée sur le point de savoir si un tribunal pouvait, après avoir constaté que la partie défaillante avait été irrégulièrement assignée, ordonner qu'elle soit légalement appelée avant d'être

(1) Bastia, 14 décembre 1839 ; S. 40, 2, 454 ; Chauveau-Carré, *op. cit.*, t. II, question 624.

(2) Bioche, *op. cit.*, jugement par défaut, n. 63 ; Chauveau-Carré, *op. et loc. cit.*, question 625 ; Rousseau-Laisney, *op. cit.*, jugement par défaut, n. 52 ; Rennes, 16 novembre 1813, *Journal des avoués*, t. XXI, p. 270 ; Civ. rej., 11 février 1884 ; D. 85, 1, 99.

Un second jugement peut même être indispensable dans le cas où l'huissier commis constate que le défaillant a changé de domicile et n'habite plus dans l'arrondissement où il a le droit d'instrumenter ; Garsonnet, *op. cit.*, t. V, p. 369 ; Dalloz, *op. cit.*, jugement par défaut, n. 90.

(3) Dalloz, jurisprudence, jugement par défaut, n. 91 et 92 ; Rousseau-Laisney, *op. cit.*, jugement par défaut, n. 53.

réassignée ? M. Chauveau a admis la négative ; le tribunal, dit-il, en examinant la validité de la première assignation sort du rôle qui lui est attribué, et qui consiste à examiner s'il y a ou non des défaillants. Nous partageons son avis (1).

Quel est le but de cette nouvelle assignation ? Un défendeur n'ayant pas comparu sur l'assignation primitive il y a lieu de craindre qu'il n'ait pas été dûment averti, soit que l'huissier ait soufflé la copie, soit que le parent ou le voisin auquel ce dernier l'a remise ait lui-même oublié d'en donner connaissance à l'assigné. On espère que si la première assignation n'est pas arrivée à son adresse, la seconde aura un meilleur sort, grâce aux soins que prendra l'huissier pour la remise de cet exploit.

Cette double précaution prise (réassignation — par un huissier commis) il devient difficile d'attribuer à l'ignorance de la partie son second défaut de comparution dans le cas où elle ne comparaît pas.

Dès que le jugement ordonnant la réassignation du défaillant est rendu, il est levé et signifié par l'huissier commis. Cette signification contient assignation au jour auquel la cause sera appelée (2).

Quel délai doit s'écouler entre cette signification et le jour de comparution? Dans le silence de l'article 153, doit-on se reporter au délai ordinaire des

(1) Chauveau-Carré, *op. cit.*, suppl., jugement par défaut, n. 94 ; Contra : Toulouse, 6 juillet 1847, *Journal des avoués*, t. LXXII, p. 538.

(2) Le jugement de défaut profit-joint doit être signifié seulement aux défaillants ; en effet, il n'est pas nécessaire de donner une nouvelle assignation aux parties qui ont constitué avoué ; Lyon, 30 juin 1887 ; D. 88, 2, 59 ; Garsonnet, *op. cit.*, t. V, p. 370.

ajournements, fixé par les articles 72 et 73 du code de procédure civile ?

Il a été jugé qu'il n'était pas nécessaire d'observer le délai de huitaine et qu'il suffisait de donner au défaillant assignation au jour auquel la cause sera appelée (1).

Mais un arrêt de la Cour de cassation a admis que le délai ordinaire de huitaine devait être observé, même si l'assignation primitive avait été donnée à bref délai (2). Toutefois il est hors de doute que, si le cas requiert célérité, le tribunal peut abréger les délais conformément à la règle inscrite dans le paragraphe 2 de l'article 72 (3).

Si l'huissier commis fait un acte nul peut-on opposer au demandeur les nullités de la signification ? Non, selon une première théorie ; un plaideur ne doit pas souffrir du fait d'un officier ministériel qui n'est pas de son choix et qu'il aurait même peut-être écarté. Cette opinion n'a pas prévalu. Un huissier commis par un tribunal inspire autant de confiance que celui choisi par une partie ; d'ailleurs tout huissier est responsable des nullités qu'il commet ; enfin si le demandeur croit avoir des sujets de méfiance contre l'huissier commis, il peut à ses frais faire signifier le jugement (4).

(1) Toulouse, 31 janvier 1828 ; P. Chr.

(2) Cass., 17 novembre 1840 ; P. Chr. ; Paris, 5 juillet 1834 ; S. 34, 2, 401 ; Rodière, *op. cit.*, t. I, p. 315 ; Rousseau-Laisney, *op. cit.*, jugement par défaut, n. 56.

(3) Chauveau-Carré, *op. cit.*, t. II, question 628 ; Bioche, *op. cit.*, jugement par défaut, n. 68 ; Rousseau-Laisney, *op.* et *loc. cit.*, n. 57 ; Garsonnet, *op. cit.*, t. V, p. 371.

(4) Chauveau-Carré, *op. cit.*, t. II, question 627 ; Rousseau-Laisney, *op. cit.*, jugement par défaut, n. 52.

Le délai de la réassignation étant expiré deux hypothèses peuvent se réaliser.

Le défaillant réassigné peut comparaître. S'il conclut à l'audience après qu'un avenir lui a été donné (1), l'instance devient contradictoire. S'il ne conclut pas un jugement par défaut est rendu, mais seulement par défaut faute de conclure (2).

Le défaillant peut ne pas constituer avoué et continuer à faire défaut faute de comparaître (3); cette fois le législateur présume qu'il y a mauvais vouloir de sa part; aussi un seul et même jugement sera rendu et réputé contradictoire à l'égard de toutes les parties. L'affaire est alors instruite et jugée comme si tous les défendeurs étaient présents, et la contrariété des jugements est ainsi évitée. Mais il faut remarquer que le défaillant n'est pas nécessairement condamné; il est de règle dans tous les défauts de n'adjuger que des conclusions justes et bien vérifiées.

Une hypothèse n'a pas été prévue par le législateur et a donné lieu à une vive controverse. On peut supposer qu'au jour indiqué par le jugement de jonction l'avoué, constitué par le défaillant, se présente à l'audience, mais que le défen-

(1) Le défaillant qui constitue avoué a pour signifier ses défenses le délai de quinzaine accordé par l'article 77; Rousseau-Laisney, *op.* et *loc. cit*, n. 63; Chauveau-Carré, *op. cit.*, t. II, question 631.

(2) Si les défendeurs qui ont primitivement comparu refusent de conclure ainsi que le défaillant qui comparaît sur la seconde assignation, un seul jugement doit être rendu (cf. ci-dessus, p. 132).

(3) Pour savoir si le défaillant comparaît ou non sur cette seconde assignation, on applique les règles que nous avons étudiées dans le cas où un seul défendeur avait été cité (cf. ci-dessus, p. 94 et suivantes).

deur, qui avait d'abord comparu, fasse défaut. Le jugement qui statue sur le profit du défaut-joint sera-t-il susceptible d'opposition de la part du défendeur qui fait défaut pour la première fois?

Quelques auteurs ont répondu affirmativement et des arrêts ont jugé en ce sens. Voici les arguments qu'on peut présenter à l'appui de cette théorie: à l'égard du défaillant il ne s'agit que d'un premier jugement par défaut, or l'article 157 permet de se pourvoir par voie d'opposition contre un pareil jugement ; il est impossible d'appliquer à ce défendeur une mesure aussi grave qu'à celui qui deux fois assigné a deux fois fait défaut; l'article 153 tend, il est vrai, à éviter la contrariété des jugements ; mais ce n'est pas son seul but.

A cette première théorie il convient tout d'abord d'opposer le texte même de l'article 153 : « *il sera statué par un seul et même jugement qui ne sera pas susceptible d'opposition* ». On peut également invoquer l'esprit de la loi; en matière de défaut le législateur a posé des règles particulières qui n'ont qu'un but: éviter la contrariété des jugements et diminuer les frais. Admettre la première théorie serait donner lieu à des procès d'une durée presque indéfinie, à des décisions opposées dans une même instance et sur des matières quelquefois indivisibles. « Ne serait-ce point, dit M. Boncenne, une belle création que cette théorie du défaut-joint avec son cortège d'oppositions à perte de vue. » La lettre et l'esprit de la loi s'accordent évidemment pour refuser l'opposition au défendeur qui, primitivement comparant, fait défaut à la seconde audience (1).

Si le défaillant subit quelque dommage par suite de l'application de l'article 153, il ne pourra s'en plaindre qu'à lui-même car il avait connaissance du procès (2).

Mais vis-à-vis du défendeur, qui ne comparaît pas aux deux assignations, la même mesure est grave ; en effet, malgré les garanties prises par le législateur, rien ne prouve que le défaillant ait eu connaissance de l'appel en justice ; aussi plus la disposition de l'article 153 est exorbitante, moins il faut l'étendre.

b) *Conditions d'application de l'article 153.*

L'article 153 par ces mots : « *si de deux ou de plusieurs parties assignées l'une fait défaut et*

(1) Cass., 17 décembre 1834; S. 35, 1, 544; Paris, 21 août 1847; S. 47, 2, 522; Cass., 7 juin 1848; S. 48, 1, 567; D. 48, 1, 112; Cass., 25 octobre 1887 ; S. 87, 1, 414 ; D. 88, 1, 76 ; Sic : Chauveau-Carré, *op. cit.*, t. II, question 632, suppl[t], jugement par défaut, n. 103; Boncenne, *op. cit.*, t. III, p. 41; Rodière, *op. cit.*, t. I, p. 316; Rousseau-Laisney, *op. cit.*, jugement par défaut, n. 65; Contra: Toulouse, 26 avril 1820; Rouen, 30 août 1842; Pigeau, *op. cit.*, t. I, p. 567; Favard, *op. cit.*, t. III, p. 167.

Tout jugement rendu dans ces conditions, même celui sur un incident est contradictoire. Rodière, *op. cit.*, t. I, p. 316; Garsonnet, *op. cit.*, t. V, p. 371.

(2) Un avenir n'est pas exigé pour prévenir l'avoué du défendeur comparant du jour où la cause sera appelée pour la seconde fois ; il faut cependant qu'un bulletin d'audience l'avertisse de comparaître; Paris, 21 août 1847; S. 47, 2, 522; D. 47. 4, 311 ; Lyon, 30 juin 1887; D. 88, 2, 59.

M. Chauveau (suppl[t], *op. cit.*, jugement par défaut, n. 106 et 107) décide qu'un avenir est nécessaire et ne peut être remplacé par un simple bulletin lorsque le jugement de jonction n'a pas déterminé le jour de la nouvelle comparution.

l'autre comparaît », suppose au moins deux défendeurs.

Il n'y aura donc pas lieu de rendre un jugement par défaut profit-joint, lorsque des deux personnes mises en cause, l'une seule joue le rôle de défendeur et que l'autre est appelée pour autoriser la première (1), ou a été assignée inutilement (2). Du moment où il n'existe qu'un défendeur, aucune contrariété de jugements n'est à craindre.

La même solution s'impose lorsque la partie qui fait défaut n'a été appelée au procès que par ordre du juge et sans qu'aucunes conclusions aient été prises contre elle (3).

Il n'y aura pas non plus lieu d'appliquer l'article 153 si les défendeurs étaient assignés pour des objets différents (4), sommés seulement d'assister à un acte de procédure (5), ou appelés par des personnes différentes comme en matière de garantie (6).

Toutes ces questions ne soulèvent aucune difficulté et les solutions exposées sont admises aussi

(1) Un mari, dans la demande formée contre sa femme, peut intervenir pour l'autoriser à plaider. Cass., 24 mars 1863; D. 64, 1, 122.

(2) Cass., 29 juin 1853; S. 53, 1, 721; D. 53, 1, 282; Nancy, 16 avril 1877; S. 79, 2, 325; D. 79, 2, 205; Rodière, *op. cit.*, t. I, p. 315, n. 2; Bioche, *op. cit.*, jugement par défaut, n. 43; Rousseau-Laisney, *op. cit.*, jugement par défaut, n. 38; Garsonnet, *op. cit.*, t. V, p. 373.

(3) Bioche, *op.* et *loc. cit.*, n. 47; Nancy, 18 mai 1872; D. 73, 2, 103.

(4) Req., 4 mars 1889; D. 90, 1, 134.

(5) Bioche, *op.* et *loc. cit.*, n. 47.

(6) Toulouse, 10 août 1842; S. 47, 2, 645; Nancy, 18 mai 1872; S. 72, 2, 197; D. 73, 2, 103; Chauveau-Carré, *op. cit.*, t. II, question 621 sexties; Bioche, *op. cit.*, jugement par défaut, n. 47; Rousseau-Laisney, *op. cit.*, jugement par défaut, n. 40 et 42; Garsonnet, *op. cit.*, t. V, p. 373; Boncenne, *op. cit.*, t. III, p. 388.

bien en doctrine qu'en jurisprudence. Sur d'autres points des discussions assez vives se sont élevées.

Doit-on appliquer l'article 153 en matière sommaire ? La négative a été soutenue en prétendant que l'article 153 n'est pas prescrit à peine de nullité ; qu'il ne doit s'appliquer qu'aux affaires ordinaires, car les affaires sommaires doivent être jugées à l'audience sur un simple acte. A ces arguments on peut opposer les suivants : aucun motif vraiment sérieux ne permet de créer entre les affaires ordinaires et les causes sommaires une distinction qui n'est nulle part établie par la loi. Le vœu de l'article 153 est absolu ; l'obligation qu'il impose aux juges est générale et devait l'être, car les inconvénients qui peuvent résulter de la non-application de cet article sont les mêmes dans les affaires sommaires que dans les affaires ordinaires. Enfin l'article 405 du code de procédure civile n'apporte aucune dérogation à l'article 153 (1).

Une question également controversée est celle de savoir, si le demandeur ayant actionné deux défendeurs en vérification d'écritures, et si l'un d'eux fait défaut faute de comparaître, alors que l'autre a constitué avoué, il y a lieu de rendre un jugement par défaut profit-joint ?

A notre avis une distinction s'impose. Si deux débiteurs ont souscrit la même obligation, le tribunal peut, sans appliquer l'article 153, tenir pour

(1) Cass., 15 janvier 1821 ; S. 21, 1, 365 ; Besançon, 1er décembre 1826 ; Chauveau-Carré, *op. cit.*, t. II, question 621 quinquies ; Bioche, *op.* et *loc. cit.*, n. 51 ; Rousseau-Laisney, *op.* et *loc. cit.*, 36 ; Garsonnet, *op. cit.*, t. V, p. 374.

reconnue la signature attribuée au défaillant et donner acte de la reconnaissance que le comparant donnerait de la sienne. Si l'article 153 exige la jonction du profit du défaut et la réassignation des défaillants, c'est parce qu'il suppose que la cause est commune à tous les défendeurs ; dans cette hypothèse il n'en est pas ainsi : la cause de l'un ne peut pas être celle de l'autre puisque celui-ci peut n'avoir pas signé l'écrit auquel celui-là reconnaît avoir apposé sa signature.

Mais on doit prévoir un second cas : celui de deux héritiers assignés en reconnaissance de l'écriture de leur auteur. Dans cette hypothèse la signature du défunt ne saurait être reconnue sincère vis-à-vis de l'un des défendeurs et fausse à l'égard de l'autre. C'est cependant ce qui pourrait se produire si le tribunal ne rendait pas un jugement de profit-joint (1).

Doit-on appliquer l'article 153 en matière de saisie-arrêt, lorsque le débiteur ayant été assigné en validité et le tiers saisi en déclaration affirmative, celui-ci seul comparaît et le saisi fait défaut ?

La négative a des partisans. L'article 153, disent-ils, n'est applicable que si le défaillant et les comparants ont été assignés dans la même instance et pour la même cause ; dans ce cas seulement il y a lieu en effet de craindre la contrariété des juge-

(1) Cette distinction n'est pas admise par tous les auteurs ; elle est combattue par Chauveau, *op. cit.*, t. II, question 621 ; Dalloz, *op. cit.*, vérification d'écritures, n. 52 ; Rodière, *op. cit.*, t. I, p. 438 ; Contra : Lepage, *op. cit.*, p. 175 ; Chauveau-Carré, *op. cit.*, t. II, question 621 ; Rousseau-Laisney, *op. cit.*, vérification d'écritures, n. 19.

ments. Or la demande en validité de saisie-arrêt et celle en déclaration affirmative constituent deux instances distinctes. Les deux demandes n'ont pas le même objet : l'une tend à obtenir la validité d'une saisie-arrêt, et l'autre la déclaration de ce que le tiers saisi doit au saisi.

Nous sommes forcés de reconnaître que ces arguments sont d'une grande valeur, cependant ils ne nous semblent pas convaincants. L'instance en saisie-arrêt est une et indivisible ; elle se compose de la saisie elle-même, de la dénonciation avec assignation, de la déclaration du tiers saisi et des contestations qui peuvent naître sur ces diverses procédures ; on ne peut dire qu'il y ait une instance particulière pour chacune d'elles. Il y a de plus même objet, non pas que les deux parties aient un intérêt entièrement semblable, mais l'objet du demandeur qui est le paiement de sa créance est le même contre les deux. Alors du moment où il y a même instance et même objet, pourquoi n'appliquerait-on pas l'article 153 ? N'est-il pas nécessaire de prévenir la contrariété des jugements ? Il pourrait arriver qu'entre le saisissant et le tiers saisi il soit jugé que le saisissant soit créancier du saisi, puis que sur l'opposition de ce dernier il soit décidé que la créance est éteinte ou n'a jamais existé. La majorité des auteurs et la jurisprudence adoptent cette solution (1).

(1) Cass., 29 décembre 1834 ; S. 35, 1, 814 ; Metz, 4 janvier 1858 ; S. 58, 2, 353 ; Sic : Pigeau : *Procédure, op. cit.*, t. II, p. 64 ; Rousseau-Laisney, *op.* et *loc. cit.*, n. 42 bis ; Chauveau-Carré, *op. cit.*, t. II, question 621 quinquies ; Contra : Boucher d'Argis. *Observations ;* S. 58, 2, 354 ; Garsonnet, *op. cit.*, t. V, p. 375.

10

La procédure du défaut profit-joint a été introduite dans nos lois par le législateur de 1807 dans l'intérêt des parties et de la justice elle-même; il importe que sur une même contestation et entre les mêmes plaideurs il n'y ait point de décisions contradictoires. Dans une cause quelconque si on supprime le droit de faire opposition à un jugement par défaut, la raison d'être de la procédure du défaut profit-joint n'existant plus, cette procédure elle-même doit disparaître. En matière de saisie immobilière les arrêts par défaut n'étant pas susceptibles d'opposition, il est évident qu'il est inutile de prendre un jugement pour joindre le profit du défaut (1).

La même solution s'impose au cas de folle enchère (2), ou de surenchère sur aliénation volontaire (3).

Depuis la loi du 21 mai 1858, modifiant entre autres les articles 762 et 764 du code de procédure civile, dans la procédure de l'ordre ou de la contribution il n'y aura pas lieu au jugement par défaut profit-joint; il n'y a pas en effet d'intérêt commun entre le créancier qui comparaît et celui qui fait défaut; la meilleure preuve qu'on puisse en donner c'est que le premier sera colloqué, s'il a gain de

(1) Cass., 31 mai 1858; S. 58, 1, 821; D. 58, 1, 407; Cass., 7 décembre 1887; S. 88, 1, 78; D. 88, 1, 255; Sic: Bioche, *op. cit.*, saisie immobilière, n. 717; Rodière, *op. cit.*, t. II, p. 316; Garsonnet, *op. cit.*, t. V, p. 375 et 469; Chauveau-Carré, *op. cit.*, t. II, question 621.

(2) Cass., 13 décembre 1852; S. 53, 1, 105; D. 53, 1, 129; Cass., 19 octobre 1887; S. 87, 1, 413; D. 88, 1, 179.

(3) Bourges, 6 août 1853; S. 53, 2, 473; D. 54, 2, 98.

cause, aux lieu et place du second qui succombe (1).

Cette étude nous a permis de distinguer toute une série d'hypothèses, dans lesquelles le tribunal devait rendre un jugement de défaut profit-joint. Un dernier point nous reste à examiner : quelles sont les conséquences de la non-application de l'article 153, alors que la jonction du profit du défaut était imposée aux juges?

c) *Sanction de la non-application de l'article 153.*

Plusieurs défendeurs ont été assignés ; les uns ont comparu, les autres ont fait défaut. Le demandeur avait intérêt à réclamer la jonction du profit du défaut, afin d'obtenir un jugement contradictoire contre tous ses adversaires. Les comparants eux-mêmes y avaient intérêt afin de faire condamner contradictoirement avec eux les défaillants qui étaient tenus de la même dette.

Deux hypothèses sont possibles : la jonction a été demandée ou elle ne l'a pas été.

Supposons qu'elle ait été demandée. Si elle a été accordée, nous en avons vu les conséquences. Si elle a été refusée, le tribunal n'en n'avait pas le droit et a commis en le faisant une nullité d'ordre public.

On a prétendu que cette obligation de joindre le défaut à la cause n'était pas prescrite à peine de nul-

(1) Bioche, *op. cit.*, ordre, n. 64; Garsonnet, *op. cit.*, t. V, p. 375; Cass., 7 août 1860; S. 61, 1, 257; D. 60, 1, 506. Toutefois, si un arrêt de défaut profit-joint et la réassignation des parties défaillantes peuvent être dans certains cas considérés comme une procédure inutile, il n'en résulte pas que l'arrêt rendu sur le fond soit nul. Même arrêt.

lité. On invoquait l'article 1030 qui défend de déclarer nul aucun exploit ou acte de procédure, lorsque la nullité n'est pas formellement énoncée par la loi. Un arrêt de la Cour de Rennes (1) a jugé en ce sens ; cette décision est la seule et est évidemment erronée.

Elle a, en effet, le tort d'assimiler un jugement et un exploit ; l'article 1030 n'a été fait que pour les actes de procédure dont l'exécution est confiée aux officiers ministériels ; il ne peut pas s'appliquer aux jugements et aux devoirs des juges. Aujourd'hui cette solution est généralement admise aussi bien en doctrine qu'en jurisprudence (2).

On a prétendu également que cette nullité n'était pas d'ordre public. C'est à tort ; il est certain que les dispositions de l'article 153, ayant pour objet la bonne administration de la justice, en évitant des jugements en sens contraire dans la même affaire, ainsi que des frais et des longueurs, sont d'ordre public.

De ce dernier caractère il résulte que cette nullité peut être invoquée pour la première fois en appel (3) ou en cassation (4).

(1) Rennes, 31 août 1810 ; P. Chr.

(2) Cass., 15 janvier 1821 ; 3 mai 1859 ; S. 59, 1, 741 ; D. 59, 1, 180 ; Cass., 19 avril 1886 ; S. 86, 1, 302 ; D. 86, 1, 334 ; Sic : Boncenne, *op. cit.*, t. III, p. 34 ; Favard, *op. cit.*, t. III, p. 166 ; Chauveau-Carré, *op. cit.*, t. II, question 622 ; Rousseau-Laisney, *op.* et *loc. cit.*, n. 43 ; Garsonnet, *op. cit.*, t. V, p. 376 ; Glasson, *op. cit.*, t. I, p. 435.

(3) Angers, 21 août 1877 ; D. 78, 2, 140.

(4) Cass., 19 juillet 1876 ; S. 77, 1, 217 ; D. 77, 1, 100 ; Cass., 19 avril 1886 ; S. 86, 1, 302 ; D. 86, 1, 334 ; Garsonnet, *op. cit.*, t. V, p. 377 ; Glasson, *op. cit.*, t. I, p. 436.

Il devrait en résulter également qu'elle pourrait être proposée par tout intéressé. Cependant il a été jugé que le demandeur, qui n'a pas conclu à la réassignation du défendeur défaillant, ne peut se prévaloir de cette cause de nullité (1); on n'a pas voulu permettre au demandeur d'invoquer un moyen qui n'a d'autre base que sa propre négligence.

Mais il est certain que l'un des défendeurs comparants peut, bien qu'il n'ait pas requis la jonction, proposer le moyen tiré de ce que le profit du défaut n'a pas été joint. Il n'a commis aucune faute et il n'y a aucun motif pour le priver de ce droit.

Si la jonction n'a pas été demandée, le tribunal devait d'office rendre un jugement par défaut profit-joint; s'il a statué contradictoirement à l'égard des uns et par défaut à l'égard des autres, il y a certainement une nullité d'ordre public; pour savoir qui peut l'invoquer, il suffit de se reporter aux règles que nous venons d'exposer.

Cependant si les parties n'avaient pas demandé la jonction et si le tribunal n'avait pas connaissance de l'existence d'un défendeur qui n'a pas comparu, le jugement qu'il rendrait sur le fond dans ces circonstances serait parfaitement valable; on ne peut pas, en effet, reprocher aux juges de n'avoir pas tenu compte du défendeur défaillant puisqu'ils n'ont pas connu son existence (2).

Si le tribunal se conforme d'abord à l'article 153,

(1) Cass., 19 juillet 1881; S. 82, 1, 72; D. 82, 1, 120, Cass., 29 mars 1887; S. 87, 1, 125.

(2) Cass., 29 mai 1843; S. 43, 1, 678; Cass., 13 mai 1872 S. 72 1 405; D. 72, 1, 317.

mais que plus tard il rende un jugement contradictoire vis-à-vis des comparants et par défaut vis-à-vis des défaillants, il est certain qu'il sera nul (1). Et même cette nullité existera dans tous les cas, car les juges auront toujours eu connaissance de la partie défaillante.

C. *Des défendeurs assignés tous ont constitué avoué, mais un ou plusieurs font défaut faute de conclure.*

Tous les défendeurs ont comparu, soit qu'ils aient constitué avoué sur la première assignation, soit sur la seconde si quelques-uns d'entre eux avaient primitivement fait défaut. Mais un ou plusieurs refusent de conclure sur le fond à l'audience à l'appel de la cause.

Le législateur n'a pas prévu cette hypothèse; dans son silence doit-on appliquer l'article 153 ?

Nous supposons remplies les conditions exigées pour l'application de cet article lorsqu'il s'agit du défaut faute de comparaître.

Une première théorie enseigne que l'on doit appliquer l'article 153 ; par conséquent un jugement doit ordonner la jonction du profit du défaut, et la cause n'est jugée contradictoirement vis-à-vis de toutes les parties même défaillantes que si ces dernières refusent de conclure à une audience ultérieure.

Le législateur, disent les partisans de cette opinion, a voulu en édictant l'article 153 éviter la pluralité et la contrariété des jugements ; or, cet incon-

(1) Montpellier, 2 janvier 1811 ; Cass., 17 février 1874 ; S. 74, 1, 281.

vénient étant le même qu'il s'agisse du défaut faute de comparaître ou du défaut faute de conclure, il n'y a aucune raison pour restreindre l'article 153 à la première hypothèse. Le demandeur trouve un grand avantage à obtenir, par l'effet du jugement de jonction, une décision contradictoire ou réputée telle même à l'égard des défaillants ; et cet intérêt est le même qu'il s'agisse du défaut faute de comparaître ou du défaut faute de conclure. Il est vrai que la procédure du défaut profit-joint suppose une réassignation par huissier commis, et qu'elle est impossible lorsqu'il s'agit du défaut faute de conclure ; la difficulté est facile à vaincre : l'assignation sera remplacée par une sommation de conclure faite par l'avoué du comparant à l'avoué du défaillant.

Bien que ces arguments soient très sérieux, il nous paraît préférable d'adopter l'opinion contraire. Le texte de l'article 153 n'est relatif qu'au défaut faute de comparaître puisqu'il contient ces mots : « si de deux ou plusieurs personnes assignées l'une fait défaut et l'autre comparaît ». Pourquoi étendre ce texte très explicite au défaut faute de conclure ? Pourquoi également assimiler la réassignation faite par huissier commis et la sommation de conclure faite par l'avoué du comparant à son confrère ? La théorie que nous adoptons peut, il est vrai, donner lieu à des décisions opposées ; mais ce ne sera pas le ul cas où la contrariété de jugements soit possible. Supposons, par exemple, que tous les défendeurs ont fait défaut faute de comparaître ou de conclure, et que le demandeur a obtenu le bénéfice de ses conclusions ; quelques défendeurs acceptent le jugement qui les condamne; d'autres peuvent faire opposition et obtenir la réformation du jugement. N'y a-t-il pas contrariété de jugements dans la même affaire? En ordonnant le défaut-joint, le législateur a supprimé cet inconvénient et réalisé une partie du double but qu'il poursuivait; il voulait également s'assurer que l'assignation avait bien été remise, aussi ordonnait-il la réassignation du défaillant, qui pouvait ignorer l'appel en justice, avant de prendre à son égard une décision contradictoire. Lorsque le défaillant a constitué avoué on ne peut plus dire qu'il n'a pas connu l'affaire. Pour ces motifs, nous ne pouvons étendre l'article 153 du cas de défaut faute de comparaître à celui de défaut faute de conclure (1).

La solution que nous venons d'admettre va nous servir à résoudre une seconde question également controversée.

Trois défendeurs sont assignés; deux comparaissent; un jugement est rendu ordonnant la jonction du profit du défaut et la réassignation du défaillant: à cette seconde audience le défaillant ne se présente pas; des deux comparants un seul conclut à une audience ultérieure. Que faut-il décider?

Il est certain que le jugement rendu sur le fond est contradictoire vis-à-vis du défendeur qui a conclu; il l'est également vis-à-vis du défendeur qui n'a pas

(1) Paris, 11 avril 1826, *Journal des avoués*, t. XXXIV, p. 109; Cass., 17 août 1831; S. 31, 1, 297; Cass., 15 avril 1846; S. 46, 1, 512; D. 46, 1, 170; Sic: Carré, *op. cit.*, t. II, question 629; Bioche, *op. cit.*, jugement par défaut, n. 46; Rousseau-Laisney, *op.* et *loc. cit.*, n. 39; Bonfils, *op. cit.*, n. 964; Glasson, *op. cit.*, t. I, p. 436; Contra: Chauveau, *op. cit.*, t. II, question 629; Garsonnet, *op. cit.*, t. V, p. 380.

comparu en vertu de l'article 153. Mais est-il contradictoire ou par défaut vis-à-vis du défendeur qui a comparu et qui n'a pas conclu ?

On peut soutenir qu'il est contradictoire en invoquant l'article 153 qui, dit-on, n'établit aucune distinction entre le défaut faute de comparaître et le défaut faute de conclure ; on présente les arguments qui ont été développés ci-dessus.

Pour nous conformer à la solution que nous avons admise sur la question précédente, nous sommes forcés de décider que le jugement sur le fond est par défaut vis-à-vis du comparant qui refuse de conclure. Nous sommes exactement dans la même hypothèse que ci-dessus ; il n'y a en effet aucun motif pour admettre que la situation du comparant qui refuse de conclure soit modifiée par la présence d'un défendeur faisant défaut faute de comparaître (1).

Nous avons supposé jusqu'ici que le défaut provenait du défendeur ; il peut se produire également du côté du demandeur.

SECTION DEUXIÈME

Défaut du demandeur.

Le défaut du demandeur est rare ; ce dernier n'agissant que pour obtenir un jugement fait généralement le nécessaire pour l'obtenir.

Cependant s'il reconnaît que le procès a été

(1) Glasson, *op. cit.*, t. I, p. 437 ; Bioche, *op.* et *loc. cit.*, n. 44 ; Contra : Garsonnet, *op. cit.*, t. V, p. 381, n. 8.

intenté à la légère, ou que le moment n'est pas favorable pour faire la preuve du droit qu'il invoque, il peut, au lieu de se désister, faire défaut.

Le demandeur, devant à peine de nullité constituer avoué dans l'ajournement, peut seulement faire défaut faute de conclure. On a prétendu cependant que le défaut faute de comparaître était possible (1). L'avoué, a-t-on dit, qui est constitué dans l'ajournement peut refuser d'occuper pour la partie qui l'a choisi comme mandataire, or toute partie qui n'a pas d'avoué doit être considérée comme faisant défaut faute de comparaître. L'article 154 suppose le cas possible puisqu'il est ainsi conçu : « *le défendeur qui aura constitué avoué pourra, sans avoir fourni de défenses, suivre l'audience par un seul acte et prendre défaut contre le demandeur qui ne comparaîtrait pas* ».

Commençons tout d'abord par écarter cet argu-

(1) Le ministère des avoués n'étant pas admis en matière commerciale, on peut se poser la question de savoir si le demandeur peut faire défaut faute de comparaître.

On pourrait le croire en lisant l'article 434 qui contient ces mots: « si le demandeur ne se présente pas »; ce dernier ferait alors défaut faute de comparaître en ne se présentant à l'audience ni en personne ni par mandataire, et défaut faute de conclure en s'y présentant sans prendre de conclusions.

Cette distinction, qui conduirait à appliquer dans le premier cas les règles du défaut contre partie, nous paraît inadmissible. Toutes les particularités du défaut faute de comparaître découlent de la même idée: la présomption que le plaideur a ignoré l'instance qui l'intéresse. Cette supposition tombe d'elle-même dans l'hypothèse qui fait l'objet de cette controverse; le demandeur ne peut donc faire défaut que faute de conclure.

Cass., 23 août 1865; S. 65, 1, 401; Lyon, 28 décembre 1872; S. 73, 2, 302; Caen, 25 juin 1885; Recueil arr. Caen et Rouen, 86, 1, 21; Garsonnet, *op. cit.*, t. V, p. 383; Lyon-Caen et Renault : *Traité de droit commercial,* t. I, n. 485.

ment de texte; l'article 154 est certainement rédigé d'une façon défectueuse, de même que l'article 434 qui prévoit la même hypothèse en matière commerciale; le législateur a voulu dire « contre le défendeur qui ne conclurait pas ». La première théorie a le tort d'oublier que l'avoué est un mandataire légal; il peut refuser d'occuper pour le demandeur, mais, vis-à-vis de l'autre partie, il reste mandataire jusqu'à la constitution d'un nouvel avoué; l'article 75 impose cette solution. Enfin le défaut faute de comparaître suppose une partie qui a ignoré la demande, et le demandeur ne peut être dans ce cas. Tenons donc pour certain que de la part du demandeur le défaut faute de conclure est seul possible (1).

Le défendeur, pour pouvoir prendre défaut, doit avoir constitué avoué, car il ne peut présenter les conclusions qui tendent à la constatation du défaut que par l'intermédiaire de cet officier ministériel. Ces conclusions peuvent être prises à la barre du tribunal et il n'est pas nécessaire qu'elles aient été préalablement signifiées (2).

Si ces conclusions tendent à l'examen du fond de la cause, le tribunal a le droit et même le devoir de l'examiner; en refusant il commettrait un déni de justice. Toutefois il ne doit adjuger ces conclusions que si elles lui paraissent justes et bien vérifiées.

(1) Boncenne, *op. cit.*, t. III, p. 110; Bioche, *op. cit.*, jugement par défaut, n. 87; Rousseau-Laisney, *op. cit.*, jugement par défaut, n. 87; Garsonnet, *op. cit.*, t. V, p. 382.

La même solution a été donnée ci-dessus pour le défaut du défendeur dans une hypothèse analogue (cf. ci-dessus, p. 106).

(2) Cass., 5 mars 1873; S. 73, 1, 407; D. 73, 1, 285; Rousseau-Laisney, jugement par défaut, n. 91; Garsonnet, *op. cit.*, t. V, p. 384.

Si le défendeur a formé, ainsi qu'il en a le droit, des demandes reconventionnelles, il devient un véritable demandeur; si son adversaire fait défaut le tribunal doit examiner ces conclusions, mais ne les lui adjuger que si elles sont fondées.

Ces deux points sont certains; un troisième est controversé.

Lorsque le défendeur conclut simplement à son renvoi, le tribunal doit-il examiner le fond et n'accorder ce renvoi que lorsqu'il est justifié ? En un mot lorsque le demandeur ne se présente pas pour soutenir les conclusions de sa demande, le défaut prononcé contre lui a-t-il le même caractère et les mêmes effets que s'il était prononcé contre le défendeur ?

Le défaut prononcé contre le demandeur peut être considéré comme un désistement; on l'a dénommé défaut-congé. Le défendeur « n'a pas besoin de se défendre, et les juges doivent le congédier puisque celui qui l'avait provoqué ne se présente pas dans la lice » (1). De là on conclut que le juge doit s'abstenir de s'assurer si les conclusions du demandeur sont justes et bien vérifiées; son rôle doit se borner à donner acte du désistement présumé du demandeur. La différence de rédaction des articles 150 et 154 fortifie cet argument; en effet le législateur ne prescrit aux juges aucun examen lorsque le demandeur fait défaut. « Cette différence s'explique assez d'elle-même; elle naît de la nature des choses », dit M. Boncenne.

(1) Boncenne, *op. cit.*, t. III, p. 14.

On pourrait cependant penser que cette vérification des conclusions du demandeur est nécessaire, si on s'en rapportait à l'exposé fait par M. Faure au Corps Législatif au nom du Tribunat. Il s'exprima ainsi : « le défendeur peut se dispenser de fournir des défenses, car il est possible qu'il les regarde comme superflues, et qu'il lui paraisse suffisant d'attendre la vérification que fera le tribunal. Il est d'autant plus juste de donner cette faculté au défendeur, qu'il ne doit jamais dépendre de celui qui a fait donner l'assignation, d'éloigner, suivant son intérêt ou son caprice, le jugement de l'affaire » (1). Le rapporteur commettait certainement une erreur, et le tribunat en discutant l'article 154 n'avait pas émis une pareille opinion.

En doctrine aussi bien qu'en jurisprudence il est admis que le rôle du juge doit se borner à constater le défaut du demandeur requis par son adversaire (2).

Toutefois dans quelques cas exceptionnels les juges devront se livrer à l'examen du fond bien que le défendeur n'y ait pas conclu ; il en sera ainsi dans les affaires qui concernent l'État, les établissements publics, les absents, les mineurs, lorsque leurs représentants sont demandeurs et qu'ils font défaut.

De la question posée ci-dessus, celle de savoir si le défaut du demandeur est identique à celui du

(1) Locré, *op. cit.*, t. XXI, p. 583.

(2) Cass., 26 avril 1831 ; S. 31, 1, 190 ; 31 mars 1845 ; S. 45, 1, 417 ; D. 45, 1, 176 ; Cass., 3 décembre 1849 ; S. 50, 1, 32 ; D. 50, 1, 29 ; Cass., 17 juin 1856 ; S. 57, 1, 504 ; D. 57, 1, 37 ; Limoges, 25 juillet 1887, D. 88, 2, 103 ; Boncenne, *op. cit.*, t. III, p. 14 ; Chauveau-Carré, *op. cit.*, t. II, question 617 ; Rousseau-Laisney, *op. cit.*, jugement par défaut, n. 92 ; Glasson, *op. cit.*, t. I, p. 438 ; Garsonnet, *op. cit.*, t. V, p. 385.

défendeur, nous n'avons résolu qu'une partie : le rôle du juge. Il reste à examiner un point très discuté. Le jugement qui constate le défaut entraîne-t-il non seulement extinction de la demande, mais encore extinction de l'action ? Le demandeur conserve-t-il le droit d'agir une seconde fois ?

En droit romain sous la procédure extraordinaire il est certain que le demandeur pouvait former une nouvelle demande (1). Il en fut de même en droit coutumier jusqu'à l'ordonnance de 1667. Quelques auteurs pensent que le principe contraire fut admis dans cette ordonnance, mais nous avons conclu dans la partie historique de cette étude qu'aucun changement n'avait été apporté et que le défendeur était seulement congédié de l'instance (2).

Le législateur de 1807 a-t-il maintenu cet état de choses ? Lorsque le défaut a été prononcé sans examen du fond, n'y a-t-il qu'un simple congé de l'ajournement ?

Quelques auteurs soutiennent la négative. Voici leurs arguments. Ils prétendent que sous l'ordonnance de 1667 le demandeur perdait le droit de renouveler l'instance, et que le code de procédure n'a pas modifié cette situation. L'article 154 n'est pas, il est vrai, très explicite, mais il doit être complété par l'article 434 qui prévoit la même hypothèse en matière commerciale. On y lit ceci : « *si le demandeur ne se présente pas, le tribunal donnera défaut et renverra le défendeur de la demande* ».

(1) Cf. ci-dessus, p. 30.
(2) Cf. ci-dessus, p. 77.

Or, renvoyer la demande, c'est la rejeter. Admettre le contraire c'est prolonger indéfiniment les procès et exposer le défendeur à des attaques incessantes. Enfin, donner gain de cause au défendeur qui comparaît lorsque le demandeur fait défaut, c'est faire l'application de ce principe : « *actore non probante reus absolvitur* ».

La solution opposée nous semble préférable. Rien ne prouve que l'ordonnance de 1667 ait modifié un principe admis en droit romain et en ancien droit coutumier ; même l'admettrait-on, il est impossible, en examinant les discussions auxquelles l'article 154 a donné lieu, d'affirmer que le législateur ait eu l'intention de conserver les règles antérieures. L'article 434 que l'on invoque est plutôt favorable à notre théorie ; renvoyer de la demande est, dans l'idée du législateur, équivalent à renvoyer de l'exploit de demande. Ce dernier mot est souvent synonyme d'assignation. Ainsi M. Boitard définit la demande, l'acte par lequel on commence une instance (1). Pourquoi craindre qu'une demande puisse être indéfiniment reproduite au gré du demandeur ? Il ne dépend que du défendeur, en prenant des conclusions reconventionnelles, de faire juger au fond la question litigieuse. Enfin le principe « *actore non probante reus absolvitur* » comporte la nécessité d'une vérification, car ce n'est que par cette vérification qu'on peut reconnaître l'absence ou l'insuffisance des preuves.

Ainsi lorsqu'un jugement constatera seulement

(1) Bioche, *op. cit.*, action, n. 104 ; Caen, 8 février 1843 ; S. 43, 2, 242.

le défaut du demandeur et sera muet sur le profit de ce défaut, l'exploit d'ajournement sera non avenu, mais les droits du demandeur seront laissés intacts et tout entiers s'il y en a (1).

La solution que nous préférons est conforme à celle que nous avons admise sur la question précédente ; lorsqu'on défend au juge d'examiner le mérite de l'action du demandeur, il est impossible d'admettre que, sans plus ample examen, le droit de ce dernier soit définitivement perdu.

Cette solution en entraîne une autre sur le point de savoir si le jugement qui constate le défaut est susceptible d'appel ou d'opposition ?

Si le tribunal a jugé le fond, soit qu'il dût le faire sur les conclusions formelles du défendeur, soit à raison des demandes reconventionnelles par lui formées, il est certain que l'appel et l'opposition sont non seulement permis, mais encore indispensables pour pouvoir attaquer ce jugement (2). Cette décision aurait autorité de chose jugée, si elle n'était pas attaquée par ces moyens dans les délais imposés par la loi.

La même solution doit être admise si le tribunal avait jugé le fond sans que le défendeur y ait conclu, ou qu'il se soit porté demandeur reconventionnel (3).

(1) Boncenne, *op. cit.*, t. III, p. 25 ; Boitard, *op. cit.*, t. I, p. 342 ; Glasson, *op. cit.*, t. I, p. 440 ; Garsonnet, *op. cit.*, t. V, p. 385 ; Bioche, *op. cit.*, jugement par défaut, n. 113 ; Cass., 23 août 1809 ; 26 avril 1810 ; 5 décembre 1816 (*Journal des avoués*, t. III, p. 249 ; t. XV, p. 401) ; 14 août 1880 ; D. 81, 2, 134 : Contra : Chauveau-Carré, *op. cit.*, t. II, question 617 ; Orléans, 30 avril 1809 ; Cass., 28 avril 1820 ; Cass., 29 novembre 1825 ; P. Chr.

(2) Orléans, 22 mai 1847 ; D. 49, 2, 227 ; S. 47, 2, 647.

(3) Garsonnet, *op. cit.*, t. V, p. 386.

S'il est rendu un simple jugement de défaut-congé, le défendeur est renvoyé de l'instance, mais il n'est pas absous de la demande; il n'y a rien de jugé. Par conséquent le demandeur ne peut pas former opposition à ce jugement puisqu'il n'y a pas de condamnation prononcée contre lui. Pour la même raison, il ne peut pas interjeter appel car la demande n'a pas subi le premier degré de juridiction (1).

Cette opinion est la seule logique. Mais l'opposition et l'appel sont des voies de recours de droit commun, admissibles dans toutes les causes et contre tous les jugements, à moins d'une disposition contraire et formelle de la loi ; or aucun texte ne prononce cette prohibition en matière de défaut-congé, et on est forcé de reconnaître que la théorie précédente, consacrée par quelques arrêts, ne repose que sur le vide. En conséquence, on est forcé d'approuver la jurisprudence qui déclare qu'un jugement de défaut-congé est susceptible d'appel ou d'opposition (2).

Si le demandeur fait défaut sur l'appel ou sur l'opposition il n'en conserve pas moins son droit ; mais, si la réitération de la demande paraît vexatoire, le tribunal peut condamner le demandeur à des dommages-intérêts (3).

La présence de plusieurs demandeurs peut don-

(1) Bruxelles, 26 avril 1810; Dijon, 8 juillet 1830; S. 32, 2, 154; Besançon, 31 janvier 1844; S. 45, 2, 83; Bastia, 14 août 1866; S. 67, 2, 176; D. 66, 2, 10.

(2) Cass., 30 novembre 1852; S. 54, 1, 21; D. 53, 1, 270; Cass., 21 mai 1879; S. 81, 1, 347; D. 80, 1, 57.

(3) Garsonnet, *op. cit.*, t. V, p. 386.

ner lieu à des complications dont la solution est controversée.

Si de plusieurs demandeurs les uns concluent et les autres refusent de conclure y a-t-il lieu d'appliquer l'article 153, c'est-à-dire d'ordonner la jonction du profit du défaut? Nous avons admis ci-dessus que l'on ne pouvait étendre l'article 153 au défaut du défendeur faute de conclure; la même solution s'impose ici (1). Mais pour ceux qui admettent que cet article s'applique aussi bien au défaut faute de comparaître qu'au défaut faute de conclure, il est logique de l'appliquer également lorsque de plusieurs demandeurs les uns concluent et les autres refusent.

Si le demandeur fait défaut et s'il y a plusieurs défendeurs, chacun d'eux peut procéder séparément et requérir la constatation du défaut; il est vrai que plusieurs jugements par défaut pourront être ainsi rendus et que les frais seront notablement augmentés, mais à cela on répond qu'il ne tient qu'au demandeur d'éviter cet inconvénient.

SECTION TROISIÈME

Défaut des deux parties.

Cette hypothèse n'est pas prévue par le code; elle peut cependant se réaliser. Il suffit de supposer qu'au jour fixé pour conclure les avoués des deux

(1) On appliquera donc le droit commun: l'affaire sera jugée et instruite contradictoirement vis-à-vis des uns et il y aura congé vis-à-vis des autres.

parties sont absents, ou, qu'étant présents, ils refusent de conclure.

Le tribunal peut prendre deux partis. Il peut tenir la demande pour abandonnée et rendre contre le demandeur un jugement de défaut-congé (1).

Il peut également rayer l'affaire du rôle; l'instance n'est pas éteinte, mais toute audience est refusée tant qu'un des deux avoués ne l'a pas fait rétablir au rôle (2). Cette formalité ne peut être remplie que sur le vu de l'expédition du jugement de radiation, dont le coût restera à la charge personnelle des avoués, qui seront en outre tenus de tous dommages et intérêts (3).

(1) Garsonnet, *op. cit.*, t. V, p. 388.
(2) Civ. rej., 23 juillet 1860; D. 60, 1, 332.
(3) Art. 29 et 69 du décret du 30 mars 1808.

CHAPITRE DEUXIÈME

DES JUGEMENTS PAR DÉFAUT

Dans ce second chapitre nous allons supposer qu'un jugement par défaut emportant condamnation de la partie défaillante a été rendu au profit de la partie présente.

Ce jugement, pour pouvoir profiter au plaideur qui l'a obtenu, est soumis à des règles différentes que l'on peut classer en trois catégories : la première comprend les règles communes aux jugements contradictoires et aux jugements par défaut ; la seconde celles qui sont particulières aux jugements par défaut, mais qui sont applicables au défaut faute de comparaître et au défaut faute de conclure ; la troisième comprend les règles spéciales aux jugements par défaut faute de comparaître.

L'étude des règles de chaque catégorie fera l'objet d'une section.

SECTION PREMIÈRE

Règles communes aux jugements par défaut et aux jugements contradictoires.

Nous n'insisterons pas sur ces règles ; elles feraient à elles seules l'objet d'une étude assez longue ;

d'ailleurs elles ne rentrent pas complètement dans le cadre que nous nous sommes imposé.

Pour être régulier et valable un jugement par défaut devra, comme un jugement contradictoire, remplir les conditions suivantes :

1° Être délibéré et rendu par le nombre de juges prescrit par la loi (1).

2° Être rendu par des juges ayant tous assisté aux audiences de la cause (2).

3° Être délibéré en secret et prononcé en audience publique (3).

4° Être motivé. Cette règle, qui a pour but de protéger les parties contre la partialité possible du juge, a été souvent négligée, et de nombreux jugements ont été cassés pour défaut de motifs sur un chef de demande (4). Du rapprochement des motifs et du dispositif on peut voir si le juge a fait ou non une bonne application de la loi.

5° Être rendu à la pluralité des voix (5). Si un partage d'opinions ne peut être évité, l'affaire doit être renvoyée à une autre audience ; de nouvelles plaidoiries et une nouvelle délibération sont nécessaires.

6° Être prononcé au plus tôt, une fois que la

(1) La loi du 30 août 1883, article 4, exige au moins trois juges ; s'il y en a plus ils doivent juger en nombre impair.

(2) Cass., 21 juillet 1885 ; S. 87, 1, 175 ; Cass., 19 avril 1887 ; S. 87, 1, 320.

(3) Loi du 20 avril 1810, article 7.

(4) Cass., 18 juillet 1888 ; S. 90, 1, 57 ; Cass., 12 févriei 1890 ; S. 90, 1, 396.

(5) Art. 116, C. P. C. Sur la manière de recueillir les suffrages voir l'article 35 du décret du 30 mars 1808.

majorité absolue a été obtenue directement ou après partage ; un jugement n'a en effet d'existence légale qu'au moment où il est prononcé; auparavant il ne constitue qu'un simple projet.

Tout jugement forme dès lors pour les parties un titre irrévocable; les juges qui viennent de le rendre ne peuvent plus ni le supprimer, ni le modifier; aussi il importe d'en dresser la minute et de la signer le plus tôt possible (1).

Un jugement par défaut, valablement rendu, produit les mêmes effets qu'un jugement contradictoire.

Ainsi il emporte dessaisissement du juge. Cette règle est venue du droit romain (2); elle a toujours été appliquée en droit coutumier; aujourd'hui elle est admise d'une façon unanime aussi bien en doctrine qu'en jurisprudence (3).

Tout jugement procure au demandeur qui n'avait qu'un titre sous seings privés un titre authentique, qui fera preuve de son contenu jusqu'à inscription de faux.

Il communique la force exécutoire au droit dont il déclare et reconnaît l'existence.

Il engendre l'autorité de la chose jugée, présomption absolue de vérité qui empêche de contester à nouveau les droits qui ont été reconnus. Tout jugement, passé en force de chose jugée, lie définitive-

(1) Sur les énonciations qui doivent être insérées à peine de nullité dans la minute voir Garsonnet, *op. cit.*, t. III, § 474 et 480.

(2) Dij., *De re jud.*, 42, 1, loi 55.

(3) Sur les conséquences qui peuvent résulter de ce principe et les tempéraments qui y sont admis, voir Garsonnet, *op. cit.*, t. V, § 465.

ment les parties et fixe l'étendue, le caractère et la nature du rapport juridique qui existe entre elles.

Toute condamnation prononcée par jugement est garantie par une hypothèque judiciaire, qui atteint tous les immeubles présents ou futurs de la partie condamnée (1).

Enfin les effets du jugement rétroagissent en principe au jour de la demande. Le demandeur doit être traité comme s'il avait eu gain de cause le jour même où l'action a été introduite. Toutefois il n'en est pas toujours ainsi dans les jugements constitutifs, c'est-à-dire créateurs d'un état de choses nouveau.

Tous ces effets découlent des deux principes fondamentaux suivants : tout jugement doit mettre fin au procès et conférer à la partie gagnante le droit de faire exécuter par la force ce qu'il a décidé.

Dans la législation actuelle ces deux principes sont inhérents à l'idée de jugement ; les effets que nous venons d'énumérer doivent donc se produire, peu importe que le jugement soit contradictoire ou par défaut.

Entre ces deux jugements l'assimilation n'est cependant pas complète; dans l'intérêt même de la justice, l'absence d'un plaideur a fait apporter quelques dérogations aux règles posées pour l'exécution des jugements contradictoires.

(1) Cependant une exception à cette règle a été apportée par la loi du 3 septembre 1807.

SECTION DEUXIÈME

Règles spéciales mais communes à tous les jugements par défaut.

Cette section comprendra quatre paragraphes :

1° Rédaction des qualités;

2° Délai dans lequel on peut commencer l'exécution du jugement;

3° Point de départ des délais de grâce;

4° Exécution de ce jugement contre les tiers.

§ 1 : Rédaction des qualités.

L'expédition d'un jugement ne comprend pas seulement les mentions qui sont insérées sur la feuille d'audience ; la minute du jugement doit s'étendre, s'augmenter dans l'expédition de certaines mentions énumérées dans l'article 141 : « *les noms, professions et demeures des parties, leurs conclusions, l'exposé sommaire des points de fait et de droit* ». Ces éléments nouveaux sont désignés dans la pratique et dans le code du nom de qualités.

En principe l'avoué de tout plaideur, même celui du perdant, a le droit de rédiger les qualités du jugement; l'article 142 le déclare formellement : « *la partie qui voudra lever un jugement contradictoire sera tenue de signifier à l'avoué de son adversaire les qualités...* ». En pratique ce droit est réservé à l'avoué du gagnant, et en cas de jugement par défaut il est toujours exercé par l'avoué du demandeur (1).

Le législateur exige que les qualités soient, lorsqu'il s'agit d'un jugement contradictoire, signifiées par l'avoué qui les a rédigées à l'avoué de l'autre partie. Cette signification permet à ce dernier d'examiner les qualités et de voir si elles ne renferment pas des assertions inexactes, auxquelles il ait intérêt de s'opposer au nom de son client.

Ce système était évidemment inapplicable aux jugements par défaut faute de comparaître ; le défendeur n'ayant pas constitué avoué on ne voit pas à qui la signification exigée par la loi pourrait être faite.

L'avoué, qui a obtenu un tel jugement, rédige les qualités et les remet au greffe sans qu'il y ait de signification à faire, sans qu'il y ait d'opposition possible de la part du défaillant. Cette remise des qualités est indispensable pour fournir au greffier les renseignements nécessaires pour l'expédition du jugement.

Cette façon de procéder paraît plus douteuse lorsque l'avoué d'une des parties a refusé de conclure et qu'un jugement par défaut a été pris conformé-

(1) D'ailleurs l'article 7 du décret du 16 février 1807 a modifié la disposition trop générale de l'article 142 et a donné le droit de dresser les qualités à la partie qui a obtenu gain de cause.

Les qualités des jugements par défaut ne peuvent être rédigées que par l'avoué du demandeur, soit que le défendeur ait fait défaut faute de comparaître auquel cas il n'y a qu'un avoué en cause, soit que le défendeur ait fait défaut faute de conclure auquel cas son avoué qui n'a pas conclu ne peut faire aucun acte du procès sans avoir d'abord formé opposition (Garsonnet, *op. cit.*, t. V. p. 390).

ment à l'article 149. On peut se demander si l'avoué, qui a obtenu le jugement, le fera expédier sur qualités signifiées à son confrère ou simplement déposées au greffe ?

La signification est possible, pourrait-on dire, puisque chaque partie a constitué avoué ; alors pourquoi ne pas appliquer l'article 142 ? Il nous semble impossible en présence des termes formels de cet article et du décret du 16 février 1807, article 88, d'admettre cette opinion. Le législateur ne distingue pas entre le défaut faute de comparaître et le défaut faute de conclure ; le motif en est très simple : le jugement par défaut, même si la partie a un avoué, n'a rien de définitif ; ce jugement peut être attaqué par l'opposition ; il est donc inutile d'appeler le défaillant pour critiquer les qualités d'un jugement qui disparaîtront avec le jugement lui-même, lorsque la partie l'attaquera (1).

Ainsi toute expédition d'un jugement par défaut sera délivrée par le greffier sur les qualités qui lui seront remises, sans signification ni discussion préalables, par l'avoué qui se présente pour lever le jugement.

Quant aux qualités d'un jugement profit-joint il est évident qu'elles ne peuvent être signifiées à l'avoué du défaillant puisqu'il n'en a pas constitué ; mais doivent-elles l'être aux avoués des parties comparantes ? Il semble que non ; ce jugement n'intéresse

(1) La jurisprudence est du même avis : Cass., 25 janvier 1869 ; S. 69, 1, 169 ; D. 72, 1, 78 ; Cass., 24 juin 1878 ; S. 80, 1, 205 ; Chauveau-Carré, *op. cit.*, t. I, question 597 ; Favard, *op. cit.*, t. III, p. 181 ; Boncenne, t. II, p. 433 ; Bioche, *op. cit.*, jugement, n. 291 ; Rousseau-Laisney, *op. cit.*, jugement, n. 291 ; Garsonnet, *op. cit.*, t. V, p. 390.

que les plaideurs qui refusent de comparaître, et il serait frustatoire de rédiger et de signifier des qualités dans ce cas (1).

§ 2 : Délai dans lequel on peut commencer l'exécution d'un jugement par défaut.

Dès qu'un jugement contradictoire est prononcé, le plaideur qui a gain de cause peut prendre des mesures conservatoires ; mais l'exécution proprement dite n'est possible qu'après la signification. C'est une application de la maxime « *paria sunt non esse et non significari* ».

Si le jugement contradictoire est en dernier ressort, le créancier peut procéder à l'exécution forcée aussitôt après la signification ; s'il est susceptible d'appel, les actes d'exécution ne peuvent intervenir que huit jours après la prononciation (2).

L'article 155 fixe le délai dans lequel l'exécution d'un jugement par défaut est possible ; il contient dans la première partie la disposition suivante : « *les jugements par défaut ne seront pas exécutés avant l'échéance de la huitaine de la signification à avoué s'il y a eu constitution d'avoué, et la signification à personne ou à domicile s'il n'y a pas eu constitution d'avoué* ».

Avant l'échéance de ce délai de huitaine un acte conservatoire est permis.

(1) Tribunal de Castel-Sarrasin, 16 juin 1843 ; S. 43, 2, 345 ; Rousseau-Laisney, *op. cit.*, jugement, n. 291 ; Contra : Rivoire, *Dictionnaire du tarif*, p. 410, n. 8 ; Victor Faus : *Tarifs annotés*, p. 202.

(2) Articles 449 et 450 du C. pr. civile.

Ainsi un jugement par défaut qui prononce la validité d'une saisie-arrêt peut être signifié au tiers saisi le jour même de la signification au débiteur; cette signification au tiers saisi n'est pas un acte d'exécution dans le sens de l'article 155 (1).

De même il a été jugé qu'une inscription pouvait être prise en vertu d'un jugement par défaut avant l'échéance de la huitaine de la signification (2).

Un acte d'exécution est plus grave et n'est possible qu'après la signification du jugement.

S'il s'agit d'un jugement par défaut faute de conclure, celui qui l'a obtenu devra faire une double signification : la première à avoué, la seconde à partie; même il devra faire mention de la première dans la seconde. Sur ce point le jugement par défaut est assimilé au jugement contradictoire. Si le défaillant n'a pas constitué avoué, la signification à partie est évidemment seule possible.

S'il s'agit du défaut faute de conclure, le délai de huitaine part de la signification faite à l'avoué constitué; la partie qui veut faire exécuter le jugement n'est pas dispensée de le signifier à son adversaire, mais cette signification ne doit pas précéder nécessairement de huit jours les actes d'exécution; il suffit qu'elle soit antérieure. S'il s'agit du défaut faute de comparaître, la signification à avoué étant impossible, le délai de huit jours part de la signification à partie.

Le délai qui doit s'écouler entre le jugement et l'exécution est toujours plus long que si le jugement

(1) Paris, 3 mars 1855; joint à Cass., 5 août 1856; S. 57, 1, 170.
(2) Paris, 23 juillet 1840; P. Chr.

est contradictoire; nous avons vu en effet que si le procès est contradictoire et en dernier ressort le créancier peut exécuter aussitôt après la signification; s'il est en premier ressort un délai de huit jours doit s'écouler entre le prononcé du jugement et son exécution. Si le défendeur a fait défaut ce délai ne part que de la signification, et la différence est d'autant plus grande que le demandeur met moins de diligence à le signifier.

Cette mesure est facile à justifier : le législateur a présumé que le défendeur condamné par défaut n'apprenait que par la signification qui lui en est faite, l'existence du jugement intervenu contre lui, et il a voulu, en conséquence, lui accorder quelques jours de plus qu'au condamné contradictoirement pour prendre une décision.

Si on se reporte à l'article 1033 pour savoir si ce délai est franc ou non, on doit décider que le *dies ad quem* ne peut être compté s'il s'agit d'un jugement par défaut faute de comparaître; il y a en effet signification à personne ou à domicile. Au contraire le délai n'est pas franc s'il s'agit du défaut faute de conclure, car il part de la signification à avoué. Cependant quelques auteurs, même dans cette dernière hypothèse, déclarent que ce délai est franc par égard pour le défaillant (1). Nous préférons la première solution qui a les textes pour elle.

Ce délai doit-il être augmenté à raison de la distance qui sépare le domicile de la partie défaillante du lieu où siège le tribunal qui l'a rendu ?

(1) Bioche, *op. cit.*, n. 235 et 396; Boncenne, *op. cit.*, t. III, p. 47; Garsonnet, *op. cit.*, t. V, p. 393.

La majorité des auteurs répond négativement; nous partageons cette opinion. On ne peut, en effet, augmenter un délai à raison de la distance que dans le cas où l'on est tenu de faire un acte; or dans l'espèce il s'agit d'un délai pendant lequel on n'en doit pas faire (1).

Lorsqu'il y a eu un avoué de constitué, le délai de l'article 155 peut-il varier par suite de la cessation des fonctions de l'avoué ?

Si l'avoué du défendeur, défaillant et condamné, a cessé ses fonctions avant la signification du jugement, la signification à partie est devenue seule possible.

Si la signification a eu lieu, mais si l'avoué cesse ses fonctions avant l'expiration du délai de huitaine, la signification à partie est nécessaire pour faire courir le délai qui doit précéder l'exécution. Toutefois on discute sur le point de savoir s'il y a ou non simple suspension du délai; doit-on, après la signification à partie, tenir compte pour le calcul des huit jours de ceux qui se sont écoulés entre la signification à avoué et la cessation de ses fonctions ?

Aucun texte ne peut fournir un argument probant; dans le doute il semble préférable de prendre le parti le plus favorable au condamné et de décider qu'un délai de huitaine doit s'écouler entre la signification à partie et l'exécution (2).

(1) Chauveau-Carré, *op. cit.*, t. II, question 637, et t. VI, question 3041; Bioche, *op.* et *loc. cit.*, n° 336; Rousseau-Laisney, *op.* et *loc. cit.*, 122; Contra : Boncenne, *op. cit.*, t. III, p. 47.

(2) Rodière, *op. cit.*, t. I, p. 301.

La règle édictée par l'article 155 s'applique en principe à tous les jugements rendus par défaut en matière civile par un tribunal de première instance.

Elle ne peut s'appliquer à un jugement rendu contre deux défendeurs dont l'un comparaît et conclut et dont l'autre fait défaut après un jugement profit-joint et une réassignation; cette décision, nous l'avons vu, est considérée comme contradictoire vis-à-vis de toutes les parties (1).

Il est également impossible de l'appliquer aux jugements qui ordonnent une séparation de biens. Ces jugements doivent être exécutés dans la quinzaine; n'en permettre l'exécution que dans la huitaine de la signification, ce serait le plus souvent rendre toute exécution impossible (2).

Enfin il faut soustraire à l'application de cette règle tous les jugements dont l'exécution immédiate a été permise par le tribunal.

L'article 155 contient en effet la disposition suivante : « *à moins qu'en cas d'urgence l'exécution n'en ait été ordonnée avant l'expiration de ce délai dans les cas prévus par l'article 135* ».

Deux conditions sont donc exigées pour que l'exécution immédiate soit possible.

Il faut tout d'abord qu'il y ait urgence; il n'est

(1) Toulouse, 30 janvier 1828; Rodière, *op. cit.*, t. I, p. 316; Rousseau-Laisney, *op. cit.*, jugement par défaut, n. 124; Garsonnet, *op. cit.*, t. V, p. 392.

(2) Toulouse, 23 août 1827; Bioche, *op. cit.*, jugement par défaut, n. 343; Rousseau-Laisney, *op.* et *loc. cit.*, n. 123; Garsonnet, *op. cit.*, t. V, p. 392; Chauveau-Carré, *op. cit.*, t. II, p. 56, note.

pas nécessaire qu'elle soit formulée expressément dans le jugement; il suffit qu'elle résulte clairement des circonstances qui y sont relevées (1).

Il faut, seconde condition, qu'on soit dans les termes de l'article 135, c'est-à-dire dans un cas où l'exécution provisoire d'un jugement contradictoire puisse être ordonnée malgré l'appel (2).

A ces deux conditions, les seules qui résultent directement de l'article 155, on peut en ajouter deux autres, qui découlent des principes généraux admis en procédure.

L'exécution provisoire a dû être demandée, sans cela le tribunal statuant ultra petita donnerait lieu à la requête civile (3). Jamais elle n'existe de plein droit; elle doit être prononcée par le jugement même de condamnation, car après ce moment le tribunal est dessaisi. S'il n'y avait au moment du jugement aucune raison pour permettre l'exécution provisoire, mais qu'il y ait eu péril depuis et qu'il n'ait pu être connu auparavant, il est généralement admis que le demandeur ne peut se pourvoir en référé pour faire ordonner l'exécution provisoire.

Deux différences séparent l'exécution provisoire ordonnée suivant l'article 135 de celle ordonnée par l'article 155. Dans le cas de l'article 135 l'exécution provisoire est tantôt obligatoire, tantôt facultative

(1) Cass., 3 avril 1872; D. 73, 1, 25.

(2) Sur l'exécution provisoire d'un jugement contradictoire cf. Glasson, *op. cit.*, t. I, p. 398.

(3) Si cette demande n'a pas été faite dès le début du procès il n'est pas nécessaire de la faire par une nouvelle assignation; des conclusions additionnelles suffisent. Limoges, 13 août 1824; Garsonnet, *op. cit.*, t. V, p. 393; Chauveau-Carré, *op. cit.*, t. I, question 583 bis.

pour le juge; dans le cas de l'article 155 elle est toujours facultative. Lorsque l'exécution est obligatoire pour le tribunal aux termes de l'article 135 elle doit être ordonnée sans caution; dans les cas facultatifs elle peut être ordonnée moyennant caution. Lorsqu'elle peut être accordée suivant l'article 155 elle l'est toujours sans caution (1). Cette dernière différence est toute naturelle: le défaillant qui redoute les conséquences d'une exécution provisoire peut y mettre fin immédiatement en faisant opposition.

Cependant le demandeur peut, à certaines conditions, obtenir le droit d'exécuter le jugement par défaut malgré l'opposition. L'article 155 in fine décide ce qui suit : « *Pourront aussi les juges, dans les cas seulement où il y aurait péril en la demeure, ordonner l'exécution nonobstant l'opposition, avec ou sans caution; ce qui ne pourra se faire que par le même jugement* ».

Cette exécution provisoire ne sera valablement accordée qu'à trois conditions : elle doit être demandée, prononcée par le jugement qui dessaisit le tribunal, s'il y a péril en la demeure, c'est-à-dire urgence exceptionnelle, constatée par le jugement ou résultant nécessairement des circonstances qu'il relève (2).

L'exécution provisoire ne sera donc possible malgré l'opposition dans les cas prévus par l'article

(1) Garsonnet, *op. cit.*, t. V, p. 394; Glasson, *op. cit.*, t. I, p. 453; Rodière, *op. cit.*, t. I, p. 298.

(2) Cass., 3 avril 1872; S. 73, 1, 101; D. 73. 1, 25; Rousseau-Laisney, *op. cit.*, exécution provisoire, n. 39; Garsonnet, *op. cit.*, t. V, p. 482.

135 que s'il y a péril en la demeure; lorsqu'elle sera ordonnée les juges pourront toujours obliger le créancier à fournir caution, quand même il y aurait titre authentique, promesse reconnue ou condamnation précédente.

Mais sous prétexte qu'il y aurait péril en la demeure les juges pourraient-ils ordonner l'exécution malgré l'opposition dans des cas autres que ceux prévus par l'article 135 ?

On pourrait en douter. Un jugement par défaut, rendu presque toujours sans discussion, est loin de présenter les mêmes garanties qu'un jugement contradictoire; pourquoi traiter plus favorablement le plaideur qui a obtenu le premier ? Le contraire même devrait être admis et l'exécution provisoire serait d'autant plus favorisée que la présomption de vérité du jugement est plus forte.

Cependant presque tous les auteurs admettent l'opinion opposée. Le tribunal peut, en effet, reconnaître d'après les circonstances de l'affaire, que le défendeur n'a eu qu'un but en faisant défaut : entraver les poursuites, gagner du temps et parvenir ainsi à soustraire aux créanciers des biens qui étaient leur gage et sur lesquels ils devaient compter. Il est donc juste de permettre au juge, lorsque la mauvaise foi du défaillant est évidente, d'ordonner l'exécution provisoire malgré l'opposition en dehors des cas prévus par l'article 135 (1).

Mais il a été jugé que l'exécution d'un jugement

(1) Chauveau-Carré, *op. cit.*, t. II, question 639; Rousseau-Laisney, *op. cit.*, exécution provisoire, n. 39; Bonfils, *op. cit.*, n. 951; Boitard, *op. cit.*, t. I, p. 346; Contra: Rodière, t. I, p. 298.

par défaut, attaquable par opposition, peut donner lieu à des dommages-intérêts contre la partie qui a poursuivi cette exécution, si le jugement vient à être postérieurement rétracté (1)

L'exécution provisoire d'un jugement par défaut est donc possible dans deux hypothèses et à des conditions différentes.

Nous avons déjà vu que la permission, accordée par le tribunal, d'exécuter un jugement par défaut dans la huitaine qui suit la signification, n'emporte pas celle de l'exécuter malgré l'opposition.

On peut se poser la question inverse : l'exécution provisoire accordée malgré l'opposition comprend-t-elle implicitement la faculté d'exécuter dans les huit jours de la signification ?

L'affirmative a été soutenue. On a prétendu que du moment où il y a péril en la demeure il y a urgence et que le plus doit emporter le moins. Cette opinion cependant est discutable. L'article 155 prévoit deux hypothèses différentes ; le demandeur qui n'a conclu qu'à l'exécution malgré l'opposition ne peut pas exécuter dans les huit jours de la signification puisqu'il ne l'a pas demandé. Le délai de huit jours n'a pas seulement pour objet de mettre le défaillant en mesure de préparer une opposition qu'il peut toujours déclarer sur les premiers actes d'exécution ; le législateur a encore voulu que le défaillant ne soit pas surpris par des actes d'exécution avant même qu'il ait eu connaissance du jugement qui le condamne ; il lui a laissé le temps

(1) Cass., 3 février 1863 ; S. 63, 1, 70 ; D. 63, 1, 163.

nécessaire pour désintéresser le créancier, s'il en avait encore la possibilité et la volonté.

Il semble donc préférable d'admettre que l'exécution dans la huitaine et l'exécution malgré l'opposition sont absolument distinctes et que l'une ne comprend jamais implicitement la seconde (1).

Mais il reste vrai de dire que si le demandeur y a conclu le tribunal peut, s'il le juge à propos, permettre l'exécution dans la huitaine de la signification et malgré l'opposition.

Pour résumer la situation créée par l'article 155 nous empruntons quelques lignes à M. Boitard (2).

Première précaution prise à raison de la nature des jugements par défaut : suspension de l'exécution de ces jugements pendant la première huitaine quand même il n'y aurait pas d'opposition encore formée.

Seconde précaution : suspension à quelque époque que ce soit de l'exécution quand il y a opposition formée.

L'article 155 permet aux juges de déroger à la première règle en cas d'urgence et dans les hypothèses de l'article 135, et de déroger même à la seconde s'il y a péril en la demeure sans avoir même à s'attacher aux divers cas de l'article 135.

§ 3 : **Délais de grâce**.

En principe dès qu'une dette est échue le débiteur est tenu de l'acquitter ; le terme de grâce a pour

(1) Orléans, 31 août 1858 ; S. 59, 2, 52 ; Pigeau, *op. cit.*, t. I, p. 567 ; Bioche, *op. cit.*, jugement par défaut, n. 341 ; Garsonnet, *op. cit.*, t. V, p. 483 ; Contra : Rodière, *op. cit*, t. I, p. 299.

(2) Boitard, *op. cit.*, t. I, p. 347.

but de déroger à ce principe et à la règle suivant laquelle la convention fait la loi des parties.

L'article 122 permet au tribunal de retarder l'époque de l'exigibilité de la dette, d'accorder plusieurs délais successifs et même d'autoriser le débiteur à se libérer par fraction à l'arrivée de chacun de ces délais.

Les tribunaux peuvent accorder des délais de grâce non seulement lorsqu'ils sont demandés par le débiteur, mais même d'office. Dans une affaire jugée par défaut, le juge peut donc accorder un délai de grâce au défendeur défaillant; ceci résulte de l'article 123 : « *le délai courra du jour du jugement s'il est contradictoire, et de celui de la signification s'il est par défaut* » (1).

Si le jugement est par défaut le point de départ du délai est le jour de la signification; le législateur, voulant que le défaillant puisse profiter de tout le

(1) A l'égard du tribunal le dépôt régulier de conclusions met le juge en demeure de statuer, et lui interdit de statuer sur d'autres points que ceux qui lui sont soumis.

Lorsque le juge prononce sur des demandes qui ne lui sont pas adressées, ou lorsqu'il accorde plus qu'il n'est demandé, il statue *ultra petita* et il y a lieu à requête civile.

L'article 123 apporte une exception à ce principe. On a prétendu qu'elle n'existait pas puisque le créancier obtenait ce qui lui était dû; elle existe cependant et pour justifier le bénéfice dont peut profiter le défaillant, n'est-il point préférable de dire, qu'étant d'ordre public, le tribunal est libre de l'ordonner d'office.

Cette exception n'existe qu'à l'égard du défaillant; il peut sembler bizarre au premier abord que ce dernier soit traité plus favorablement que le plaideur qui comparait, surtout si on pense au défaillant de mauvaise foi. Hâtons-nous de dire que dans cette hypothèse les juges ne se montreront pas indulgents. Nous approuvons cette mesure de faveur à l'égard du défaillant de bonne foi, mais elle est très rare en pratique et il serait peut-être difficile d'en trouver un exemple.

délai qui lui est accordé et présumant qu'il ignore le jugement, a choisi comme point de départ le moment où le plaideur doit avoir connaissance de l'arrêt qui le condamne.

§ 4 : Exécution d'un jugement par défaut contre les tiers.

Il arrive parfois que l'exécution d'un jugement par défaut se poursuit non plus contre le défaillant mais contre un tiers, par exemple contre la caisse des dépôts et consignations qui doit payer à la place du débiteur, ou contre le conservateur des hypothèques auquel on demande de rayer une hypothèque indûment inscrite.

Ce jugement ne s'exécute contre un tiers que sur un certificat du greffier constatant qu'aucune opposition (1) n'a été portée sur le registre qu'il tient à cet effet (art. 164).

L'opposition formée rend en principe toute exécution impossible; l'article 164 a donc pour but de prouver au tiers que la partie défaillante, n'ayant pas fait opposition, ne peut invoquer l'effet suspensif qui en résulte.

S'il s'agit d'un jugement par défaut faute de conclure l'exécution ne peut être poursuivie contre le tiers qu'après l'expiration de la huitaine de la signi-

(1) Il est tenu au greffe de chaque tribunal un registre spécial des oppositions sur lequel l'avoué de l'opposant doit mentionner les noms des parties et de leurs avoués, la date du jugement par défaut et celle de l'opposition (art. 163). Lorsque le défaillant forme opposition à un jugement par défaut faute de comparaître, il est de son intérêt de constituer avoué le plus tôt possible pour faire la déclaration au greffe.

fication du jugement à avoué (1). Ce délai expiré, le tiers peut exécuter le jugement sans crainte car l'opposition est désormais impossible.

S'il s'agit de l'exécution par un tiers d'un jugement rendu par défaut faute de comparaître, des questions presque insolubles naissent de ce fait que l'opposition est recevable pendant un délai illimité; l'article 158 décide en effet que l'opposition est recevable jusqu'à l'exécution du jugement. On est donc enfermé dans le dilemme suivant : d'une part le tiers ne doit pas exécuter tant que l'opposition est ouverte ; d'autre part l'opposition est permise tant que le jugement n'a pas été exécuté.

Comment sortir de cette situation ?

Si le jugement contient plusieurs condamnations dont les unes doivent être exécutées par le défaillant, il y a un moyen très simple pour résoudre la question. Le poursuivant s'adresse d'abord au défaillant; lorsque l'exécution est assez avancée (art. 159) et que l'opposition est devenue impossible, il se retourne contre le tiers qui ne peut invoquer aucun motif pour refuser d'exécuter.

Mais il est très possible que le défaillant n'ait encouru aucune condamnation, si les dépens ont été par exemple compensés. Le tiers a-t-il le droit de refuser d'exécuter tant que l'opposition est ouverte ? L'exécution du jugement par défaut faute de compa-

(1) C'est pour cette raison que l'avoué du poursuivant doit remettre entre les mains du tiers un certificat indiquant la date de la signification du jugement (Arg., art. 548). Toutefois la production de l'original de la signification du jugement peut remplacer ce certificat ; Limoges, 4 juillet 1850 ; S. 51, 2, 503 ; D. 52, 2, 293.

raître est-elle impossible pendant le délai de l'opposition, même si le certificat du greffier constate que le défaillant n'a pas encore usé de cette voie de recours ?

Avant le code de procédure civile les jugements étaient exécutoires contre les tiers sur un simple certificat du procureur du créancier constatant qu'il n'était parvenu à la connaissance de ce procureur aucune opposition. Un tel certificat était loin d'offrir aux tiers une sécurité complète. Les rédacteurs du code ont voulu leur donner une garantie plus sérieuse contre l'erreur ou la mauvaise foi ; ils ont, dans les articles 163, 164 et 548, organisé un système empêchant certainement qu'un jugement puisse être exécuté contre les tiers, au préjudice de l'opposition dont il peut être frappé.

Aux termes de ces articles l'exécution ne peut avoir lieu que si le certificat du greffier est postérieur à l'expiration du délai d'opposition.

Cependant cette solution est contestée. Ces mots de l'article 548, « *même après les délais de l'opposition* », laissent supposer que l'exécution est possible avant l'expiration de ces délais. Pourquoi le créancier, qui peut exécuter contre la partie condamnée malgré la possibilité d'une opposition, ne pourrait-il pas poursuivre l'exécution contre un tiers ? L'article 2157 du code civil décide, il est vrai, que la radiation d'une inscription hypothécaire ne peut être opérée par le conservateur que si le jugement est passé en force de chose jugée ; or le jugement n'aura acquis cette force que lorsqu'il ne sera plus susceptible d'une voie de recours. Cette disposition est incontestable, mais elle est spéciale aux hypothèques et il est impossible de l'appliquer à d'autres cas. Tels sont les arguments présentés à l'appui d'une première théorie.

Des objections sérieuses peuvent être faites à ce système. Les expressions de l'article 548, « *même après les délais d'opposition* », n'ont pas la signification que les partisans de la première opinion entendent lui donner; les rédacteurs du code ont simplement voulu exiger que l'exécution contre les tiers soit subordonnée à la représentation des certificats, le délai pour faire opposition étant écoulé; mais ils n'ont pas eu l'intention de permettre l'exécution contre un tiers avant la fin du délai. Cette solution s'impose à celui qui lit l'article en entier et sans parti pris.

On comprend que le créancier puisse exécuter contre la partie condamnée sans attendre l'expiration des délais, parce que cette partie peut y mettre fin en formant opposition. Mais les tiers seraient pendant toute la durée des délais, et malgré le certificat négatif qui leur serait produit, dans une incertitude qui ne leur permet pas de consentir à l'exécution du jugement. L'article 2157 ne prévoit, il est vrai, qu'un cas spécial, mais il est l'application d'un principe qu'il convient de généraliser. Un jugement par défaut n'acquiert autorité de chose jugée que par le silence de la partie condamnée, lorsqu'il est certain que cette dernière a connaissance de l'exécution ; or dans notre hypothèse on doit présumer que le défaillant ignore non seulement le jugement, mais encore l'exécution de ce jugement. Contre un tiers l'exécution, ne pouvant avoir lieu que lorsque le jugement a acquis cette force, n'est possible qu'au moment où l'opposition ne l'est plus. Cette solution nous semble commandée par les textes et l'application des principes généraux (1).

Elle peut conduire à des conséquences graves pour le demandeur : le défendeur de mauvaise foi peut, en effet, rendre toute exécution impossible. Aussi nous approuvons les expédients employés en pratique pour écarter la rigueur de cette théorie. Le plus simple consiste à obtenir du tribunal un jugement autorisant le tiers à exécuter bien que l'opposition soit possible (2).

Une dernière question nous reste à examiner : lorsque l'exécution a eu lieu contre un tiers met-elle fin à l'opposition, ou au contraire laisse-t-elle cette voie de recours subsister tant que le jugement n'a pas été exécuté contre la partie elle-même ?

Chaque parti présente des inconvénients : il est grave d'accorder au défaillant le droit de former opposition tant que le jugement n'a été exécuté que par le tiers; un jugement ne peut alors devenir définitif. D'un autre côté il semble injuste de le priver de ce droit pour un acte qu'il a peut-être

(1) Cass., 9 juin 1858 ; D. 58, 1, 244 ; Bordeaux, 9 décembre 1858 ; S. 59, 2, 193 ; Paris, 11 juin 1861 ; D. 61, 2, 169 ; Boitard, *op. cit.*, t. II, p. 212 ; Glasson, *op. cit.*, t. I, p. 454 ; Boncenne, *op. cit.*, t. III, p. 150 ; Bioche, *op. cit.*, jugement par défaut, n. 408 ; Contra : Rodière, *op. cit.*, t. II, p. 190 ; Chauveau-Carré, *op. cit.*, n. 1906, et supplément, exécution des jugements, n. 146 ; Garsonnet, *op. cit.*, t. V, p. 445 ; Rousseau-Laisney, *op. cit.*, exécution des jugements, n. 156.

(2) D'après le droit commun ce jugement doit être signifié au défaillant ; Glasson, *op. cit.*, t. I, p. 455.

ignoré. Cependant cette solution nous semble préférable ; il est à présumer qu'après toutes les précautions prises le défendeur a dû avoir connaissance de la poursuite dont il était l'objet et des actes d'exécution qui en sont la fin.

Pour atténuer les inconvénients qui peuvent résulter de l'application de ce système, le demandeur agira sagement, avant d'exécuter, en avertissant le défaillant de l'exécution qui le menace, et en lui signifiant de faire opposition avant cette date (1).

SECTION TROISIÈME

Règles spéciales aux jugements par défaut faute de comparaître.

Quelque soin que le juge apporte à vérifier, comme le veut la loi, les prétentions du demandeur, le jugement par défaut faute de comparaître n'offre que des garanties incomplètes. Une des conditions essentielles pour arriver à rendre une bonne et saine justice est de mettre chaque plaideur en mesure d'exposer ses prétentions. Il est donc naturel de voir le législateur, lorsqu'il s'agit de l'exécution d'un jugement par défaut faute de comparaître, déroger aux règles générales relatives à l'exécution des jugements contradictoires. Ce régime de faveur n'est l'objet d'aucune critique lorsque la copie de l'assignation n'a pas été remise au défendeur lui-même ; on doit en effet présumer que ce dernier n'a pas eu

(1) Garsonnet, *op. cit.*, t. V, p. 446.

connaissance de l'instance qui l'intéressait, et que par conséquent il n'a pas pu se défendre. Mais lorsque cette présomption n'existe plus, c'est-à-dire lorsque l'huissier mentionne dans son exploit que la copie a été remise au défaillant lui-même, ces règles spéciales n'ont plus de raison d'être et auraient dû être écartées. Cependant le législateur n'a établi aucune différence entre ces deux hypothèses, peut-être à cause du souvenir des nombreuses fraudes commises par les huissiers dans la remise de leurs exploits.

Cette remarque faite, nous passons à l'étude de ces règles spéciales; elles sont relatives aux points suivants :

1° Signification;
2° Délai d'exécution;
3° Temps accordé pour faire opposition;
4° Formes de cette opposition.

§ 1 : Signification des jugements par défaut faute de comparaître.

Un jugement par défaut faute de conclure est soumis pour la signification aux mêmes règles qu'un jugement contradictoire; le défaillant ne mérite, en effet, aucune attention spéciale (1).

S'il s'agit d'un jugement par défaut faute de comparaître, la signification doit être faite par un huissier commis; l'article 156 contient la disposition

(1) Cass., 23 août 1865 ; S. 65, 1, 401 ; D. 65, 1, 252.

suivante : « *tous jugements par défaut contre une partie qui n'a pas constitué avoué seront signifiés par un huissier commis soit par le tribunal, soit par le juge du domicile du défaillant que le tribunal aura désigné* ». Il est à présumer que cet huissier, choisi par le tribunal, investi à ce titre d'une confiance plus marquée, veillera avec un soin particulier à ce que la copie de la signification n'ait pas le sort qu'a probablement eu l'exploit d'ajournement.

Le tribunal choisit librement cet huissier. Il n'est pas tenu de le prendre parmi les huissiers audienciers ; il ne commet pas ordinairement celui qui a signifié l'assignation car il a quelque sujet de se défier de lui (1).

Si l'huissier commis cesse ses fonctions, la partie qui poursuit l'exécution du jugement invite le tribunal, par simple requête et sans nouvelle assignation, à en désigner un autre.

La désignation de l'huissier peut être faite par le jugement même qui statue sur le défaut, par un second jugement (2), ou par une ordonnance du président (3).

Si le jugement doit être signifié hors du ressort du tribunal qui l'a rendu, celui-ci peut remettre le choix de l'huissier au tribunal civil du domicile du

(1) Bioche, *op. cit.*, jugement par défaut, n. 129.

(2) Ce second jugement est rendu sur requête du demandeur et à ses frais car il avait omis de requérir lors du premier jugement la désignation de l'huissier chargé de le signifier ; Bioche, *op.* et *loc. cit.*, n. 127 ; Rennes, 16 novembre 1813 ; P. Chr.

(3) Bourges, 19 avril 1829 ; P. Chr. ; Cass., 31 mai 1858 ; D. 58, 1, 407.

défaillant, au président de ce tribunal, à un simple juge, ou même au juge de paix; dans cette hypothèse l'article 1033 est évidemment applicable (1).

Mais il n'est pas absolument nécessaire que l'huissier soit commis par le juge de l'arrondissement où la signification doit être faite; le tribunal qui a rendu le jugement peut lui-même choisir l'huissier en le désignant seulement par sa qualité, par exemple, le syndic des huissiers de l'arrondissement où le défaillant a son domicile (2).

L'article 156 ne prononce pas la nullité de la signification du jugement faite par un autre que l'huissier non commis; cette nullité existe cependant et tous les auteurs sont du même avis sur ce point. Un huissier non commis est sans qualité pour signifier ce jugement par défaut; ceci résulte de l'intention bien marquée du législateur et du but qu'il se propose. Or tout acte fait par un officier ministériel sans qualité est nul de droit, bien que la loi n'ait pas formellement prononcé une telle sanction.

Par suite tous les actes d'exécution qui auront été faits après une semblable signification devront être annulés.

Les auteurs se divisent sur le point de savoir si cette nullité peut être couverte. Si la partie reconnaît qu'elle a reçu la signification, sera-t-elle rece-

(1) Cass., 31 mai 1858; S. 58, 1, 821; D. 58, 1, 407; Chauveau-Carré, *op. cit.*, t. II, question 643.

(2) Cass., 18 juillet 1833; S. 33, 1, 628; Rousseau-Laisney, *op. cit.*, jugement par défaut, n. 107; Contra: Chauveau, *op. cit.*, t. II, question 626.

vable à en demander la nullité en prétendant que l'huissier n'a pas été commis ?

Non, disent les uns. C'est l'esprit de la loi qu'il faut considérer pour apprécier la portée de ses prescriptions. Or, en exigeant la signification du jugement par un huissier commis, le législateur n'a eu qu'un but : assurer la remise de la copie à la partie condamnée ; ce but ayant été atteint puisque le défaillant reconnaît avoir eu connaissance du jugement, il n'existe aucun motif pour prononcer la nullité de la signification et des actes d'exécution postérieurs. Cette nullité ne serait plus qu'une mesure de rigueur vraiment inutile.

Nous n'opposerons à cette première théorie qu'un seul argument, mais dont la force nous paraît irrésistible. La formalité imposée par l'article 156 est évidemment substantielle ; dès lors elle ne peut être remplacée par aucun équivalent. Si elle est omise la nullité qui résulte de cette omission est absolue et ne peut être couverte par le consentement exprès ou tacite du défaillant. La signification n'étant pas valable les actes d'exécution sont nuls et l'opposition reste permise (1).

L'article 156 ne s'applique pas à un jugement ordonnant la jonction du défaut, lorsque de plusieurs défendeurs assignés l'un d'entre eux ne comparaît pas ; le jugement qui intervient est, en effet, réputé

(1) Cass., 2 décembre 1845 ; S. 46, 1, 56 ; D. 46, 1, 24 ; Cass., 19 août 1884 ; D. 85, 1, 63 ; Favard, *op. cit.*, t. III, p. 171 ; Boitard, *op. cit.*, t. I, p. 347 ; Poncet, t. I, p. 372 ; Chauveau-Carré, *op. cit.*, t. II, question 644 ; Contra : Cass., 29 janvier 1812 ; Toulouse, 25 janvier 1822 ; P. Chr. ; Boncenne, *op. cit*, t. III, p. 52 ; Garsonnet, *op. cit.*, t. V, p. 398.

contradictoire (1). De même un jugement de défaut-congé ne peut jamais donner lieu à l'application de l'article 156 (2).

§ 2 : Temps accordé pour exécuter un jugement par défaut faute de comparaître.

En principe celui qui a obtenu un jugement a trente ans pour l'exécuter ; cette règle est applicable aux jugements contradictoires et aux jugements par défaut faute de conclure.

Dans l'ancien droit un jugement par défaut faute de comparaître était, sur ce point, assimilé à un jugement contradictoire ; cette solution avait donné lieu à des abus. L'opposition était alors permise seulement pendant huit jours ; le demandeur gardait le silence pendant ce court délai et le jugement devenait définitif bien que le défaillant ait pu ignorer la décision qui le concernait.

Le législateur de 1807 a fait une très sage réforme en permettant l'opposition tant que l'exécution est possible. Cette mesure, à elle seule, n'aurait pas été suffisante ; le demandeur aurait pu attendre pour exécuter un moment favorable, par exemple la mort de certains témoins ou la perte de certains titres ; le défaillant aurait pu, il est vrai, former opposition, mais sans succès si les faits à prouver remontaient à une date trop éloignée, et si, n'ayant pas eu connaissance de la décision prise contre lui, il n'avait pas eu soin d'établir la preuve de son droit.

(1) Paris, 11 janvier 1834 ; P. Chr.
(2) Bordeaux, 30 août 1831 ; Paris, 15 juin 1843 ; P. Chr.

Aussi, pour prévenir cet abus, le législateur décide dans l'article 156 qu'un jugement par défaut, faute de comparaître, doit être exécuté dans les six mois de son obtention, sinon qu'il sera réputé non avenu.

On a critiqué cette disposition ; on a prétendu qu'il n'y a aucun inconvénient à permettre l'exécution d'un tel jugement pendant trente ans, alors que l'opposition est possible pendant le même délai. On peut affirmer que l'abus, qui a motivé la disposition de cet article, est certain ; dès lors la réforme opérée en 1807 était utile et contribuait au maintien d'une bonne justice.

L'article 156 soulève deux questions:

A. Que doit faire le demandeur pour éviter la péremption ?

B. En quoi consiste cette déchéance ?

Reprenons successivement ces deux points.

A. *Que doit faire le demandeur pour éviter la péremption.*

Le demandeur doit exécuter dans les six mois. Le point de départ de ce délai est le jour où le jugement a été obtenu ; le jour de l'obtention n'est pas compté (1), mais tous les jours intermédiaires y sont compris, même les jours fériés pendant lesquels on ne peut faire aucun acte de poursuite. Le *dies ad quem* est compris dans ce délai ; les seuls délais

(1) Bourges, 23 novembre 1840 ; P. Chr.

francs sont, en effet, ceux qui courent en vertu d'une signification faite à personne ou à domicile, or celui-ci a pour point de départ le jour du jugement même s'il n'est pas signifié dans la suite (1).

Quels sont les actes qui empêchent la péremption ?

Ces actes sont de deux sortes : ce peut être un acquiescement régulier de la partie condamnée, ou un acte d'exécution émanant de la partie qui a obtenu le jugement.

Le défaillant peut couvrir la péremption par son acquiescement en exécutant volontairement la décision prononcée contre lui ; le même effet se produirait si, après un commandement fait en vertu du jugement, le défaillant demandait et obtenait un sursis au paiement des condamnations prononcées contre lui, et promettait de tenir le jugement pour exécuté (2).

Il n'y a point de formalités spéciales pour l'acquiescement; celui-ci peut résulter d'un acte sous seing privé non enregistré (3) et même de la correspondance des parties (4). Toutefois il ne peut provenir que d'un fait personnel à la partie défaillante (5).

(1) Il y a un cas où ce délai n'est que de quinze jours : celui où le jugement prononcé par défaut ordonne une séparation de biens.

(2) Poitiers, 14 juillet 1819. Sur un point semblable, cf. Caen, 24 avril 1811 ; Cass., 2 mai 1831 ; P. Chr.

(3) L'acte sous seing privé par lequel un débiteur reconnaît pour exécuté un jugement par défaut rendu contre lui ou y acquiesce, encore qu'il ne puisse être suspecté de fraude, n'est pas opposable aux tiers s'il n'a acquis date certaine avant l'expiration des six mois. Cass., 18 juin 1845 ; S. 45, 1, 832 ; D. 45, 1, 335 ; Boncenne, *op. cit.*, t. III, p. 59 ; Chauveau, *op. cit.*, t. II, question 651 ; Rousseau-Laisney, *op. cit.*, jugement par défaut, n. 156.

(4) Nancy, 16 février 1831 ; Paris, 7 juin 1834 ; P. Chr.

(5) Nancy, 24 avril 1830 ; P. Chr.

S'il a été donné par erreur il est certain qu'il reste sans effet.

L'acquiescement à un jugement par défaut est rare; l'exécution est, des deux faits qui font obstacle à la péremption, celui qui est le plus fréquent.

Quels sont les actes d'exécution suffisamment caractérisés pour empêcher la péremption ? Ces actes d'exécution sont-ils les mêmes que ceux énumérés par l'article 159 pour la déchéance de l'opposition ?

La négative est certaine. En effet il n'y a aucune raison pour donner au mot exécution de l'article 156 l'acception rigoureuse que lui accorde l'article 159. Au contraire il existe plusieurs motifs pour empêcher d'argumenter de l'un à l'autre : l'article 159 a pour but d'éviter qu'une condamnation, qui a pu être ignorée du défaillant, devienne définitive à son insu; pour éviter cet inconvénient le législateur prend des précautions : l'opposition ne devient impossible qu'au moment où les actes d'exécution constituent un avertissement suffisamment énergique pour être connu du condamné. De quoi s'agit-il dans l'article 156 ? Il s'agit de punir la négligence de celui qui, ayant obtenu une condamnation par défaut, n'en tire aucun parti dans les six mois qui suivent. Aussi un acte quelconque du demandeur, indiquant l'intention d'exécuter, doit suffire pour empêcher la péremption du jugement. Appliquer à l'article 156 les dispositions de l'article 159 serait aller ouvertement contre le but de la loi (1); ce

(1) Locré, *op. cit.*, t. XXI, p. 88.

serait aggraver la poursuite et faire tourner contre le défaillant une règle établie en sa faveur (1).

Il est donc certain qu'un simple commencement d'exécution suffit pour empêcher la péremption. Toutefois on ne peut pas assimiler à un commencement d'exécution une simple manifestation de volonté (2); on décide également que les actes simplement conservatoires, tels que la signification du jugement ou l'inscription de l'hypothèque judiciaire ne peuvent produire l'effet interruptif de la péremption (3).

Cependant il a été jugé que des actes, insuffisants par eux-mêmes pour constituer l'exécution aux termes de l'article 156, pouvaient faire obstacle à la déchéance quand le défaillant les avait connus; ce dernier ayant connaissance du jugement était alors mis en demeure de former opposition et n'avait qu'à le faire pour empêcher le demandeur de continuer ses poursuites (4).

Un jugement sera également tenu pour exécuté au sens de l'article 156, bien qu'il n'ait pas été l'objet d'une exécution caractérisée, si les actes habituels d'exécution ont été dans l'espèce impraticables. Un procès-verbal de récolement vaut à lui seul exécu-

(1) Cass., 12 mai 1835; S. 35, 1, 338; Cass., 5 mars 1889; S. 89, 1, 297; D. 89, 1, 411; Bordeaux, 20 décembre 1898; D. 1900, 2, 31; Cass., 26 décembre 1899; D. 1900, 1, 321; Boitard, *op. cit.*, t. I, p. 360; Boncenne, *op. cit.*, t. III, p. 77; Glasson, *op. cit.*, t. I, p. 457; Rousseau-Laisney, *op. cit.*, jugement par défaut, n. 160; Garsonnet, *op. cit.*, t. V, p. 404; Contra: Cass., 11 août 1821; Chauveau-Carré, *op. cit.*, t. II, question 647; Rodière, *op. cit.*, t. I, p. 206.

(2) Nancy, 19 février 1890; D. 91, 2, 283.

(3) Lyon, 11 juillet 1872; D. 73, 2, 91.

(4) Amiens, 11 janvier 1820; Limoges, 11 août 1821; P. Chr.

tion contre un débiteur, dont tous les biens ont été déjà saisis à la requête d'un autre créancier (1). Un procès-verbal de carence constitue une exécution suffisante à l'égard des défendeurs qui n'ont aucun bien saisissable (2).

Nous allons supposer maintenant que la péremption a eu lieu (soit que le défaillant n'ait pas acquiescé au jugement, soit qu'il n'y ait pas eu d'actes d'exécution), et nous allons rechercher quels en sont les effets et qui peut s'en prévaloir.

B. *Effets de la péremption.*

L'article 156 nous donne la réponse : « *les jugements seront exécutés dans les six mois de leur obtention, sinon ils seront réputés non avenus* ».

Quelle sera l'étendue exacte de cette péremption ? Elle fait considérer comme non avenu seulement le jugement par défaut, mais non la procédure qui l'a précédé, ni la demande elle-même (3).

Si le législateur avait considéré comme non avenus les actes antérieurs au jugement, il l'aurait dit expressément, comme dans l'article 401 relatif à la péremption de l'instance; dans le silence de la loi on ne peut étendre une mesure aussi rigoureuse.

(1) Agen, 17 juin 1831; P. Chr.

(2) Limoges, 18 juin 1822; P. Chr.; Caen, 24 mai 1825; P. Chr.; Cass., 30 mars 1868; D. 68, 1, 425; Poitiers, 20 avril 1880; D. 80, 2, 229; Boncenne, *op. cit.*, t. III, p. 81; Boitard, *op. cit.*, t. I, p. 362; Rodière, *op. cit.*, t. I, p. 307; Garsonnet, *op. cit.*, t. V, p. 407.

(3) Rennes, 28 février 1879; S. 80, 2, 110; D. 80, 2, 14.

Il est donc certain que l'ajournement conserve toute sa force et tous ses effets, comme l'instance qu'il a introduite, et que sur cet ajournement le demandeur pourra obtenir une nouvelle sentence (1).

Quant aux actes postérieurs au jugement, il a été décidé avec raison que la péremption ne pouvait s'étendre qu'aux actes qui avaient leur raison d'être dans le jugement périmé, tels que significations, commandements et inscriptions hypothécaires (2).

Mais la péremption n'empêche pas que les solutions consacrées par le jugement périmé soient de nouveau proclamées par une décision nouvelle et indépendante de la première. Ainsi un premier jugement ayant prononcé la révocation d'une donation pour inexécution des conditions, un second jugement peut ordonner la restitution des objets donnés, bien que le premier soit frappé de péremption, si le second constate à nouveau les faits d'inexécution, sur lesquels était basée la première décision (3).

Maintenant que nous connaissons les effets de la péremption il convient de rechercher quelle en est la véritable nature.

(1) Bourges, 30 juin 1829; S. 30, 2, 101; Bordeaux, 20 février 1835; S. 35, 2, 265; Dijon, 26 janvier 1870; D. 71, 2, 46; Favard, *op. cit.*, jugement, t. III, p. 173; Chauveau-Carré, *op. cit.*, t. II, question 648; Boncenne, *op. cit.*, t. III, p. 55.

Cependant l'article 1444, c. civ., fait exception à cette règle: lorsqu'un jugement de séparation de biens, rendu par défaut faute de comparaître, n'est pas exécuté dans la quinzaine, la séparation est nulle et toute la procédure est à recommencer.

(2) Dijon, 26 janvier 1870; D. 71, 2, 46.

(3) Cass., 13 juillet 1858; D. 58, 1, 348.

La péremption des jugements par défaut faute de comparaître est-elle d'une nature identique à la péremption d'instance ?

On peut, sans hésiter, répondre négativement. Nous venons de voir que la péremption d'un jugement par défaut différait quant à ses effets de la péremption d'instance. Cette dernière aux termes de l'article 401 efface entièrement l'instance « *sans qu'on puisse opposer aucun des actes de la procédure éteinte, ni s'en prévaloir* » ; elle n'est qu'un désistement présumé, elle doit donc produire les effets d'un désistement ; il s'ensuit que le droit, sur lequel reposait la demande, n'est nullement atteint, et qu'il peut être l'objet d'un procès nouveau. La péremption d'un jugement par défaut a des effets moins graves : elle laisse également intact le droit du demandeur, mais de plus elle laisse subsister la procédure qui a précédé le jugement ; elle ne porte atteinte qu'à ce dernier et aux actes qui en découlent.

La péremption d'instance ne se produit pas de plein droit ; il ne suffit pas pour qu'elle ait lieu qu'il se soit écoulé trois ans depuis le dernier acte de procédure de l'une ou de l'autre des parties ; il faut qu'elle soit demandée par le défendeur. Au contraire la péremption de l'article 156 a lieu par le seul fait de l'expiration du délai de six mois ; il est inutile de la demander, elle a lieu de plein droit.

Qu'est-ce donc que cette péremption si ce n'est une véritable prescription ! Au délai ordinaire de trente ans a été substitué le délai de six mois ; voilà tout.

Ceci nous conduit à conclure que la péremption n'est pas d'ordre public mais d'ordre privé (1).

Le défaillant n'aura donc pas, avant que le jugement soit rendu, la faculté de renoncer au droit d'opposer la péremption s'il fait défaut; l'article 2220 du code civil déclare en effet qu'on ne peut d'avance renoncer à la prescription.

Nous avons vu que le défendeur peut en acquiesçant dans les six mois du jugement se rendre non recevable à invoquer l'article 156; de même nous devons admettre que le défaillant peut renoncer à invoquer la péremption lorsque le délai de six mois s'est écoulé sans aucun acte d'exécution de la part du demandeur; c'est toujours l'application de l'article 2220 qui permet de renoncer à la prescription acquise.

Cette même idée va nous guider pour résoudre une question qui a fait l'objet des plus vives controverses: lorsqu'un jugement par défaut a été rendu contre plusieurs débiteurs solidaires, l'exécution dans les six mois à l'égard de l'un empêche-t-elle la péremption à l'égard des autres?

Voici les arguments présentés par les partisans d'une première théorie: un débiteur solidaire peut, en reconnaissant la dette, prolonger l'obligation à

(1) Ce point toutefois est discuté en doctrine et en jurisprudence. Cependant, si l'on admet que la péremption est une véritable prescription, pourquoi ne pas lui reconnaître ce caractère? Nimes, 16 juin 1829; S. 30, 2, 360; Toulouse, 28 janvier 1831; S. 31, 2, 326; Garsonnet, *op. cit.*, t. V, p. 412; Glasson, t. I, p. 456; Chauveau-Carré, *op. cit.*, suppl[t], jugement par défaut, n. 184; Contra: Cass., 6 avril 1840; S. 40, 1, 843; Bourges, 31 janvier 1873; S. 73, 2, 86; Rousseau-Laisney, *op. cit.*, jugement par défaut, n. 155.

l'égard de ses codébiteurs et interrompre la prescription; la chose est possible car il ne change pas les conditions du contrat. Il n'en est plus de même si un jugement par défaut, exécuté contre un seul débiteur, devient définitif à l'égard de tous; une obligation contractée sous signature privée peut en vertu d'un jugement conférer hypothèque; les conditions du contrat sont alors changées, et elles ne peuvent l'être que du consentement de toutes les parties. L'acquiescement que donne l'une d'elles au jugement par défaut ne peut donc nuire aux autres. L'article 1206 du code civil : « *les poursuites contre l'un des débiteurs solidaires interrompent la prescription vis-à-vis de tous* », ne peut s'appliquer ici, car la péremption des jugements par défaut ne peut être assimilée à la prescription; elle a d'autres règles, elle produit d'autres effets; la prescription est un moyen d'acquérir ou de se libérer par un certain laps de temps; la péremption ne fait acquérir aucun droit, ne libère d'aucune obligation, l'action existant toujours, quoique le jugement ne subsiste plus. Le jugement n'est un titre pour le créancier que sous la condition qu'il sera exécuté dans les six mois. Cette condition manque-t-elle, le titre s'évanouit; a-t-elle été remplie seulement à l'égard d'un des codébiteurs, le jugement n'est plus un titre à l'égard des autres. On ne peut contester qu'une demande, isolément formée contre l'un des codébiteurs solidaires, produise une condamnation qui ne frapperait que celui là; de même lorsqu'un jugement obtenu contre tous n'a été exécuté que sur un seul, la condamnation est réputée non avenue à l'égard de ceux qui n'ont pas été compris dans l'exécution; ce qui n'empêche pas que le fonds du droit ne soit conservé à l'égard de tous.

A ces arguments nous opposerons les suivants: la péremption établie par l'article 156 est une prescription ordinaire, aussi les poursuites faites contre l'un des débiteurs solidaires interrompent la prescription à l'égard de tous et empêchent la péremption de se produire. Le jugement est le titre du créancier; il se prescrit, dans l'espèce, par six mois à défaut d'exécution, comme tout autre titre se peut prescrire par un délai plus ou moins long. L'idée de solidarité est incompatible avec l'hypothèse d'un titre qui subsisterait pour l'un et périrait pour les autres. C'est en ce sens que se forme de plus en plus la jurisprudence de la Cour de cassation (1).

Un dernier point nous reste à examiner: qui peut se prévaloir de cette péremption ?

En première ligne il faut placer le défaillant lui-même (2); il peut demander la péremption au moyen d'une simple opposition formée dès les premières

(1) Cass., 2 février 1841; S. 41, 1, 417; Caen, 24 mai 1849; S. 49, 2, 696; D. 55, 2, 209; Cass., 9 août 1859: S. 60, 1, 470; D. 59, 1, 424; Cass., 3 décembre 1861 : S. 62, 1, 155; D. 62, 1, 41; Bourges, 31 janvier 1873; S. 73, 2, 86; D. 74, 2, 67; Demolombe: *Obligations*, t. III, p. 363; Aubry et Rau, t. IV, § 298 ter.; Chauveau-Carré, *op. cit.*, t. II, question 645; Boncenne, *op. cit.*, t. III, p. 69; Rodière, *op. cit.*, t. I, p. 308; Glasson, *op. cit.*, t. I, p. 456; Contra: Paris, 8 mai 1837; S. 38, 2, 343; Agen, 19 janvier 1849; S. 49, 2, 137; D. 49, 5, 264; Vazeille : *Prescription*, t. I, n. 238; Troplong : *Prescription*, t. II, n. 630.

(2) Le demandeur qui a obtenu ce jugement et qui voudrait, ayant succombé sur un chef, s'opposer aux actes d'exécution dirigés contre lui, ne pourrait pas invoquer la péremption car elle n'est pas établie dans son intérêt. Cass., 12 mars 1860; S. 60, 1, 793; D. 60, 1, 132.

poursuites, ou de conclusions prises dès le début de l'instance engagée sur la validité de l'exécution.

Un créancier a-t-il qualité pour opposer la péremption du chef de son débiteur ? L'affirmative semble certaine; un créancier, en vertu de l'article 1166 du code civil, peut exercer les droits et actions de son débiteur à l'exclusion de ceux qui sont attachés à la personne. Il n'y a rien de personnel dans le droit d'opposer la péremption d'un jugement par défaut qui n'a pas été exécuté dans les six mois de son obtention, aussi est-il admis généralement que les créanciers peuvent, du chef de leur débiteur, invoquer l'article 156 (1).

Les tiers, indirectement lésés par le jugement, comme les tiers détenteurs sommés de payer la dette, ou de délaisser l'immeuble hypothéqué en vertu du jugement rendu contre le débiteur personnel, peuvent invoquer la péremption de l'article 156 (2).

§ 3 et 4 : Délai et formes de l'opposition en cas de défaut faute de comparaître.

Le législateur, présumant que le défaillant n'a pas eu connaissance du procès qui vient de se dérouler, n'a pas voulu que le jugement devienne définitif à l'insu de la partie condamnée; aussi, en ce qui concerne le délai et les formes de l'opposition, il a soustrait les jugements par défaut faute de com-

(1) Cass., 29 mai 1872; S. 72, 1, 283; D. 72, 1, 239; Contra: Rennes, 12 mai 1851; S. 52, 2, 131; D. 52, 2, 262.

(2) Liège, 16 juin 1824; S. 24, 2, 843.

paraître à l'application des règles posées pour les jugements par défaut faute de conclure.

Nous dirons seulement quelques mots de ces règles spéciales, car elles supposent connue la théorie de l'opposition; d'ailleurs elles s'écartent du sujet que nous nous sommes proposés de traiter (1).

L'article 158 est relatif au délai : « *si le jugement est rendu contre une partie qui n'a pas d'avoué, l'opposition sera recevable jusqu'à l'exécution du jugement* ». Et l'article suivant indique ce que l'on doit entendre par exécution (lorsqu'elle n'est pas complète), c'est-à-dire des actes tels que le défaillant a dû en avoir connaissance, par exemple, la vente des meubles saisis, la notification au débiteur de la saisie de ses immeubles, le paiement des frais.

Ainsi au délai de huit jours, accordé pour faire opposition à un jugement par défaut faute de conclure, est substitué un délai qui sera toujours plus long et qui pourra même être supérieur à six mois.

Les formes de l'opposition à un jugement par défaut faute de conclure sont très simples: une requête d'avoué à avoué.

L'absence de cet officier ministériel, dans le cas du défaut faute de comparaître, nécessite des règles spéciales: elles sont posées dans l'article 162. Le défaillant peut se trouver dans une position critique: apprendre sa condamnation au moment même de l'exécution; la loi lui donne alors un moyen rapide et très approprié aux circonstances pour

(1) Elles ont fait l'objet d'une étude approfondie par M. Duparquet : l'*Opposition*, thèse; Paris, 1896, p. 131 et suivantes, et p. 171 et suivantes.

obliger l'huissier à surseoir à l'exécution projetée : il suffit d'une simple déclaration sur l'acte d'exécution, à charge toutefois de la réitérer avec constitution d'avoué, par requête, dans la huitaine.

Les règles spéciales aux jugements par défaut faute de comparaître permettent de remédier, dans une certaine mesure, aux inconvénients qui peuvent résulter d'une condamnation prononcée contre le défaillant sans un examen de la cause assez approfondi.

CHAPITRE TROISIÈME

DES RÉFORMES DU CODE DE PROCÉDURE CIVILE

Au nombre des réformes qui s'imposent, qui doivent être poursuivies sans précipitation mais avec une activité persévérante, figure au premier rang la revision des lois de procédure.

En 1857 M. Bordeaux (1) disait ceci : « de toutes les parties de la législation civile qui nous régit, celle qui a provoqué les plus vives critiques et suscité le plus de réclamations, peut-être est la procédure. Depuis longtemps les bons esprits se préoccupent de la nécessité et de l'opportunité d'une réforme ».

Les mœurs et les habitudes économiques de la France avaient changé depuis un demi-siècle et le code de procédure civile, qui ne datait cependant que de 1807, semblait déjà vieilli. Il est vrai que les dispositions qu'il renfermait étaient tirées pour la plupart de l'ordonnance de 1667; quelques-unes même remontaient à l'ordonnance de 1539. Le code qui portait les traces du régime impérial n'était en somme qu'un très vieux monument. Il ne faut donc pas s'étonner si de bonne heure on a eu l'intention de le modifier.

(1) Bordeaux : *Philosophie de la procédure civile* ; mémoire sur la réformation de la justice. Préface.

La Cour de cassation aurait pu proposer des réformes; l'article 86 de la loi du 27 ventôse an VIII contenait ceci : « le Tribunal de cassation enverra chaque année au gouvernement une députation, pour lui indiquer les points sur lesquels l'expérience lui aura fait connaître les vices de la législation ».

Cet article n'a jamais été formellement abrogé, mais il est tombé de bonne heure en désuétude. Plusieurs jurisconsultes l'ont regretté, notamment le procureur général Dupin qui, dans son discours de rentrée du mois de novembre 1830, engageait la cour à reprendre ce droit; cette invitation ne produisit aucun effet.

En 1851 l'Académie des sciences morales et politiques proposa le sujet suivant : « quelles sont au point de vue juridique et philosophique les réformes dont notre code de procédure est susceptible? » Certains concurrents, pour mieux corriger le code, proposèrent sa suppression; cette première épreuve n'eut point de résultat. Le même sujet fut proposé pour l'année 1853. Il donna lieu à divers mémoires, dont quelques-uns eurent le mérite de proposer de sages réformes et d'exposer clairement les griefs imputés à la procédure actuelle (1). Les réformateurs postérieurs leur firent de nombreux emprunts.

En 1862 le gouvernement impérial s'était ému des réclamations qui se faisaient jour chaque année au sein des assemblées; une commission fut instituée pour préparer la réforme des lois de procédure.

(1) M. Bordeaux obtint le premier prix *(Philosophie de la procédure civile)*; parmi les autres mémoires il convient de signaler celui de M. Seliman *(Réformes dont notre procédure civile est susceptible)*.

Terminée en 1868, l'œuvre de cette commission fut renvoyée pour un dernier examen devant le conseil d'État; elle fut même pour partie soumise au corps législatif, mais les événements qui survinrent empêchèrent toute discussion et mirent fin aux travaux.

Nous n'insisterons pas sur les réformes qui furent proposées dans ce projet de loi; elles furent presque toutes reprises quelques années plus tard.

Un décret du 10 juillet 1883 chargea une nouvelle commission d'examiner dans quelle mesure la réforme du code de procédure pourrait être entreprise. La commission se mit à l'œuvre et plusieurs projets émanés de son initiative furent présentés.

Le premier fut déposé au nom de M. Jules Grévy par M. Demôle, le 19 octobre 1886; le second au nom de M. Carnot par M. Ferrouillat, le 12 juillet 1888 (1).

Voici quel a été l'esprit qui a présidé aux travaux de la commission : « placée en face des lois préexistantes, la commission s'est tout d'abord demandée quel était son rôle ; elle n'a pas cru qu'il fût sage de faire table rase des lois de procédure actuelles, et d'édifier de toutes pièces un monument nouveau. Il s'agit moins de bouleverser que d'améliorer. Ce qui importe, c'est de simplifier les formalités et de supprimer celles dont l'utilité n'est pas absolument indispensable; cette réforme peut s'opérer, et dans une mesure assez large pour donner satisfaction à

(1) Le premier est rapporté aux documents parlementaires de la chambre, année 1886, annexe 1155; le second, année 1888, annexe 2948.

tous les intérêts, en conservant pour cadre le code de 1806 » (1).

Ces projets ne furent pas mis en discussion avant l'expiration des pouvoirs de la chambre ; ils furent réunis en un seul et présentés à la nouvelle chambre le 6 mars 1890 au nom de M. Carnot, par M. Thévenet, ministre de la justice (2).

La discussion immédiate n'eut pas lieu.

Le 4 décembre 1893 le gouvernement mettait, au rang des réformes les plus instamment réclamées par l'opinion publique, « des modifications sérieuses à introduire dans nos codes de procédure pour en faire disparaître les complications ».

Le 5 mai 1894, M. Antonin Dubost, ministre de la justice, déposa, au nom de M. Carnot, un projet de loi portant révision du code de procédure civile; ce projet comprend la révision du code tout entier; il reproduit presque textuellement le projet de 1890, mais il a le mérite de le compléter, car ce dernier ne prévoyait que la réforme d'une partie de la procédure.

Bien que depuis longtemps la nécessité d'une refonte générale ait été proclamée, et que depuis longtemps l'œuvre de révision ait été entreprise, ce projet n'est resté qu'à l'état de projet (3).

Nous allons voir brièvement, en ce qui concerne le défaut, quelles sont les principales dispositions qu'il renferme.

(1) Exposé des motifs du premier projet.

(2) Séance du 6 mars 1890, Chambre, documents parlementaires, année 1890, annexe 418.

(3) Séance du 5 mai 1894, annexes à la Chambre, documents parlementaires, 1894, p. 665.

Les jugements par défaut et l'opposition font l'objet du titre VI et comprennent 17 articles ; nous transcrivons en note ceux qui ont rapport à notre sujet (1).

(1) Art. 1er. — Si au jour fixé pour l'audience le défendeur n'a pas constitué avoué il est donné défaut ; toutefois le tribunal peut ordonner que le défendeur sera réassigné par un huissier commis par le jugement ou par ordonnance du président.

Dans ce cas la signification devra être faite par l'huissier en personne.

Art. 2. — Le défaut est prononcé à l'audience sur l'appel de la cause, et les conclusions de la partie qui le requiert sont adjugées si elles se trouvent justes et bien vérifiées ; peuvent néanmoins les juges faire mettre les pièces sur le bureau pour prononcer le jugement à une autre audience.

Art. 3. — Si une demande est formée contre plusieurs parties à des délais différents et qu'elles fassent toutes défaut, le tribunal statue par un seul jugement et après l'échéance du plus long délai. Les frais des jugements qui seraient pris séparément contre une ou plusieurs des parties défaillantes n'entrent point en taxe ; ils restent à la charge de l'avoué sans qu'il puisse les répéter contre la partie.

Art. 4. — Si la demande est formée contre deux ou plusieurs parties à des délais différents et que l'une ou plusieurs d'entre elles ne constituent pas d'avoué, le tribunal donne défaut contre les non-comparants, ordonne leur réassignation par huissier commis et surseoit à statuer sur le fond. Ce jugement n'est ni levé ni signifié ; il en est seulement fait mention dans l'exploit de réassignation. Après les délais du nouvel ajournement, il est statué sur avis mentionnant la réassignation par un seul jugement qui n'est susceptible d'opposition de la part d'aucune des parties.

La réassignation devra être faite par l'huissier en personne.

Art. 5. — Le défendeur qui se présente à l'audience fixée par l'exploit ou au jour indiqué par le tribunal dans les causes qui sont dispensées d'écritures préalables, pourra prendre défaut-congé contre le demandeur qui ne comparaît pas.

Dans les causes soumises à la nécessité des écritures préalables, le défendeur qui a constitué avoué peut, sans avoir fourni de défenses, appeler le demandeur à l'audience par un simple avenir à huitaine, et, s'il ne comparaît pas, prendre défaut-congé contre lui.

Le jugement de défaut-congé condamne le demandeur aux dépens et n'est susceptible ni d'opposition ni d'appel.

Au cas de défaut-congé la prescription demeure interrompue par l'assignation.

Art. 6. — Le défendeur qui a signifié ses défenses peut, à l'expiration

Des réformes importantes sont proposées dans ce projet de loi.

On peut remarquer tout d'abord que dans ce titre

du délai accordé au demandeur pour signifier ses réponses, que celui-ci ait ou non usé de son droit, poursuivre l'audience par un acte d'avenir à huitaine et prendre défaut-congé de la demande conformément à l'article 5, ou requérir le tribunal de statuer sur la demande après vérification des conclusions. Dans ce dernier cas le jugement statue sur la demande et sur les conclusions reconventionnelles du défendeur; il n'est pas susceptible d'opposition. L'acte d'avenir fait connaître, à peine de nullité, si le défendeur entend demander congé pur et simple, ou jugement sur la demande après vérification.

Art. 7. — Les jugements par défaut ne sont pas exécutés avant l'échéance de la huitaine de la signification à personne ou domicile, à moins qu'en cas d'urgence l'exécution n'en ait été ordonnée avant l'expiration de ce délai dans les cas et dans les conditions prévus par l'article 19 du titre des jugements.

Art. 8. — Tout jugement par défaut est signifié à la personne ou au domicile du défaillant par un huissier commis à cet effet, soit par le tribunal dans le jugement, soit par le président du tribunal du domicile de la partie défaillante.

L'huissier qui, lors de la signification, parle au défaillant en personne, doit le requérir de signer l'original et lui faire connaître qu'il doit former opposition dans la quinzaine à peine de déchéance. Mention de la réquisition est insérée à peine de nullité dans l'exploit de signification. En cas d'impossibilité ou de refus de signer il en est également fait mention à peine de nullité.

Art. 9. — L'opposition doit, à peine de nullité, être notifiée dans la quinzaine de la signification du jugement, si cette signification a été faite comme il est dit en l'article précédent.

Art. 10. — A défaut de signification dans les six mois de la date du jugement il y a déchéance du bénéfice des condamnations prononcées.

Art. 11. — Si la signification n'a pas été faite à la personne du défaillant l'opposition est recevable tant que le défaillant n'a pas exécuté le jugement ou qu'il n'a pas eu connaissance de l'exécution....

Art. 14. — Les frais de l'expédition, de la signification du jugement et des conclusions d'opposition sont à la charge du défaillant, à moins que, eu égard aux circonstances, le tribunal ne l'ait exonéré de la totalité ou de partie des frais.

Art. 17. — Aucun jugement par défaut ne sera exécuté à l'égard d'un tiers que sur un certificat du greffier constatant qu'il n'y a aucune opposition portée sur le registre.

VI il n'est point question du défaut faute de conclure; l'article 1 qui reproduit en partie l'article 149 est muet sur ce point; le défaut faute de conclure est, en effet, supprimé. Dans le titre III, relatif aux constitutions d'avoués, on lit ce qui suit dans l'article 6 : « Si l'avoué constitué par le défendeur ne dépose pas de conclusions au jour indiqué, le demandeur peut poursuivre l'audience par un avenir à huitaine; le jugement est réputé contradictoire ».

Dès qu'un plaideur aura constitué avoué, il ne pourra donc intervenir contre lui qu'un jugement contradictoire; il en résulte qu'on ne prononcera jamais contre le demandeur un jugement par défaut; les articles 5 et 6 du titre VI sont formels en ce sens.

Mais le refus de conclure du demandeur ne met pas en suspens l'instance engagée; un jugement interviendra dont les effets varieront suivant les conditions dans lesquelles il aura été rendu.

Si aucune défense n'a été fournie, sans qu'il y ait lieu de distinguer si l'affaire comporte ou ne comporte pas d'écritures préalables, le défendeur peut prendre défaut-congé contre le demandeur qui ne conclut pas. Ce jugement n'est susceptible ni d'opposition ni d'appel; il n'emporte condamnation qu'aux dépens. Le demandeur conserve son droit et peut intenter un nouveau procès; même le jugement de défaut-congé n'anéantit pas tous les effets de la procédure antérieure; l'interruption de la prescription, conséquence de l'ajournement primitif, est un effet définitif, et, dans la suite, le demandeur ne peut être arrêté par une prescription acquise.

Lorsque le défendeur a signifié ses défenses, deux partis se présentent à lui lorsque le demandeur ne conclut pas. Il peut ne réclamer qu'un défaut-congé; s'il le désire il peut exiger une décision sur le fond du droit. Il doit, à peine de nullité, faire connaître son choix à son adversaire dans l'avenir, acte par lequel il poursuit l'audience.

Dans le cas où il n'intervient qu'un jugement de défaut-congé, on applique les règles ci-dessus; dans le second cas un jugement contradictoire est rendu; il est seulement susceptible d'appel.

Le défaut faute de comparaître a été seul maintenu; sa suppression aurait, en effet, donné lieu à de graves inconvénients et aurait été la source de nombreux abus. Mais on essaie par de sages mesures de le rendre aussi rare que possible.

Au jour fixé pour l'audience si le défendeur n'a pas constitué avoué le tribunal peut ordonner la réassignation par un huissier commis (1). Cette pré-

(1) Dans ce cas la signification devra être faite par l'huissier en personne.

Le décret du 14 juin 1813, article 45, prescrit, sous une sanction sévère, aux huissiers de notifier eux-mêmes les actes dont ils sont chargés. Cependant l'observation de cette prescription est parfois difficilement obtenue en raison du nombre des actes qu'un même huissier peut être appelé à notifier dans la même journée, et des transports qu'il est forcé d'effectuer dans ce but.

La commission pour remédier à cet inconvénient avait proposé d'autoriser les huissiers à se faire remplacer par des clercs assermentés et elle leur accordait en outre la faculté de se servir de la poste pour envoyer les exploits d'ajournement.

D'après le projet l'huissier devra toujours avoir recours à la poste. La remise directe par l'huissier ne sera plus autorisée que si la poste a retourné l'exploit et dans quelques autres circonstances spéciales. Voici les motifs de cette disposition: l'emploi de la poste permet de réduire considérablement les frais et rend inutile l'institution des clercs assermentés;

caution sera prise d'après les circonstances de la cause, selon, par exemple, que l'exploit d'ajournement aura ou n'aura pas été notifié à la personne du défendeur.

Si malgré la réassignation le défendeur ne comparaît pas il est nécessairement passé outre. Le procès suit son cours, le jugement est rendu et c'est alors que sont prescrites des mesures spéciales destinées à faire parvenir la décision à la connaissance du condamné.

Le jugement est signifié par un huissier commis à la personne ou au domicile du défaillant. Cette désignation de l'huissier doit être faite par le tribunal dans le jugement, sinon par le président du tribunal du défaillant.

Les délais d'opposition varient suivant que la signification a été faite à personne ou à domicile ; ils sont naturellement plus longs dans le second cas.

Lorsqu'il y a plusieurs défendeurs et que les uns refusent de comparaître un jugement par défaut profit-joint est rendu ; toutefois l'art. 153 est légèrement modifié par l'article 4 : cet article décide que ce jugement ne sera ni levé ni signifié, mais qu'il en doit être fait mention dans l'exploit de réassignation.

L'exécution d'un jugement par défaut n'est possible qu'après l'expiration du délai de huitaine de la signification à personne ou à domicile ; l'opposition rend toute exécution impossible. Toutefois l'exécu-

il serait dangereux de laisser aux huissiers le soin d'apprécier quand il y aura lieu de recourir à la voie par la poste ; on pourrait craindre que ces officiers ministériels ne fussent préoccupés de leurs propres intérêts plutôt que de l'intérêt du client.

tion provisoire peut être accordée, mais elle ne pourra l'être que si l'exécution provisoire est obligatoire ; l'article 7 renvoie, en effet, à l'article 19 du titre des jugements qui ne prévoit que les cas actuellement prévus par le paragraphe premier de l'article 135.

De ce projet de loi il convient de rapprocher une proposition de loi présentée par MM. Dupuy-Dutemps, Henri Brisson et Pourquery de Boisserin, députés (1).

(1) Séance du 9 décembre 1893, session extraordinaire, documents parlementaires ; Chambre, annexe n. 127, p. 251 et suivantes.

Dix-sept articles sont relatifs au défaut devant les tribunaux civils de première instance. Nous transcrivons ceux qui ont trait à notre sujet.

Art. 1er. — Si au jour fixé pour l'audience le défendeur ne fait pas présenter un avoué pour répondre à l'appel de la cause il est donné défaut ; toutefois le tribunal peut ordonner que le détendeur sera réassigné par un huissier commis par le jugement ou par ordonnance du président.

Dans ce cas la signification devra être faite par l'huissier en personne.

Art. 2. — Le défaut est prononcé à l'audience sur l'appel de la cause, et les conclusions de la partie qui le requiert sont adjugées si elles se trouvent justes et bien vérifiées ; peuvent néanmoins les juges faire mettre les pièces sur le bureau pour prononcer le jugement à une autre audience.

Art. 3. — Si une demande est formée contre plusieurs parties à des délais différents et qu'elles fassent toutes défaut, le tribunal statue par un seul jugement et après l'échéance du plus long délai. Les frais des jugements qui seraient pris séparément contre une ou plusieurs des parties défaillantes n'entrent point en taxe ; ils restent à la charge de l'avoué sans qu'il puisse les répéter contre la partie.

Art. 4. — Si la demande est formée contre deux ou plusieurs parties et que l'une ou plusieurs d'entre elles ne constituent pas d'avoué, le tribunal donne défaut contre les non-comparants, ordonne leur réassignation par huissier commis et surseoit à statuer sur le fond. Ce jugement n'est ni levé ni signifié ; il en est seulement fait mention dans l'exploit de réassignation. D'après les délais du nouvel ajournement, il est statué sur avenir mentionnant la réassignation par un seul jugement qui n'est susceptible d'opposition de la part d'aucune des parties.

La réassignation devra être faite par l'huissier en personne.

Art. 5. — Le défendeur qui se présente à l'audience fixée par l'exploit ou au jour indiqué par le tribunal lors de la première comparution, pourra prendre congé contre le demandeur qui ne comparaît pas. Le jugement de défaut-congé condamne le demandeur aux dépens et n'est susceptible ni d'opposition ni d'appel. Au cas de défaut-congé la prescription demeure interrompue par la citation.

Art. 6. — Le défendeur qui a signifié ses conclusions peut, après l'expiration du délai accordé au demandeur pour signifier les siennes, que celui-ci ait ou non usé de son droit, prendre défaut-congé sur l'appel de la cause et requérir le tribunal de statuer sur la demande après vérification des conclusions. Dans ce dernier cas le jugement statue sur les demandes reconventionnelles du défendeur si elles ont été précisées dans les conclusions signifiées.

Art. 7. — Les jugements par défaut ne sont pas exécutés avant l'échéance de la huitaine de la signification à personne ou domicile, à moins qu'en cas d'urgence l'exécution n'en ait été ordonnée avant l'expiration de ce délai dans les cas et dans les conditions prévus par l'article 19 du titre des jugements.

Art. 8. — Tout jugement par défaut est signifié à la personne ou au domicile du défaillant par un huissier commis à cet effet, soit par le tribunal dans le jugement, soit par le président du tribunal du domicile de la partie défaillante.

L'huissier qui, lors de la signification, parle au défaillant en personne, doit le requérir de signer l'original et lui faire connaître qu'il doit faire opposition dans la quinzaine à peine de déchéance. Mention de la réquisition est insérée à peine de nullité dans l'exploit de signification. En cas d'impossibilité ou de refus de signer il en est également fait mention à peine de nullité.

Art. 10. — A défaut de signification dans les six mois de la date du jugement il y a déchéance du bénéfice des condamnations prononcées.

Art. 11. — Si la signification n'a pas été faite à la personne du défaillant l'opposition est recevable tant que le défaillant n'a pas exécuté le jugement ou qu'il n'a pas eu connaissance de l'exécution.....

L'opposition régulièrement formée suspend l'exécution si elle n'a pas été ordonnée nonobstant opposition.

Art. 14. — Les frais de l'expédition, de la signification du jugement et des conclusions d'opposition sont à la charge du défaillant, à moins que, eu égard aux circonstances, le tribunal ne l'ait exonéré de la totalité ou de partie des frais.

Art. 16. — Il sera tenu au greffe un registre sur lequel il sera fait mention, à la requête des parties ou de leurs avoués, des oppositions formées aux jugements de défaut. Les mentions énonceront les noms des parties, de leurs avoués, la date du jugement et de l'opposition.

Art. 17. — Aucun jugement ne sera exécuté à l'égard d'un tiers que

Ils poursuivent le même but que le gouvernement : simplifier les formes de la procédure civile, réduire les lenteurs des actions judiciaires, supprimer un grand nombre de formalités et arriver à une considérable économie des frais.

Les réformes qu'ils proposent pour atteindre ce but sont en somme identiques à celles que nous venons d'étudier dans le projet de loi : suppression du défaut faute de conclure, et par conséquent impossibilité pour le demandeur de faire défaut ; maintien du défaut faute de comparaître qu'ils désirent rendre aussi rare que possible en permettant la réassignation du défaillant ; suppression de la signification du jugement par défaut profit-joint, mentionné seulement dans l'exploit de réassignation ; signification du jugement par défaut dans les six mois sous peine de déchéance ; opposition permise seulement dans la quinzaine de la signification, lorsque le défaillant a eu connaissance du jugement.

Telles sont les principales modifications proposées à la Chambre des députés.

sur certificat du greffier constatant qu'il n'y a aucune opposition portée sur le registre.

CHAPITRE QUATRIÈME

DU DÉFAUT DANS LES PRINCIPALES LÉGISLATIONS ÉTRANGÈRES

Connaître les autres législations, en suivre les progrès et les résultats, c'est apprendre à mieux connaître la nôtre, à se rendre mieux compte des réformes utiles à y apporter.

Cette étude devient particulièrement intéressante à un moment où un projet de réforme, présenté chez nous depuis longtemps déjà, est peut-être sur le point d'être accepté.

Les qualités de fond et de forme de notre code de procédure civile en avaient fait un guide précieux pour les divers États d'Europe (1), qui, au cours du XIXe siècle, avaient entrepris des réformes relatives à la procédure. Quelques-uns avaient évité certaines imperfections de l'œuvre de 1807, que le temps avait rendues de plus en plus sensibles. Depuis, certains États n'ont pas hésité à faire des réformes lorsque la nécessité s'en faisait sentir. Aussi nous nous sommes laissés distancer par nos voisins. Nous

(1) Nous citerons entre autres la loi Suisse sur la procédure civile du 29 septembre 1819, mise à exécution le 1er janvier 1821 ; le code Hollandais de 1838, revisé en 1871 ; le code Russe de 1864, revisé de 1881 à 1884 ; le code Italien de 1865 ; le code Portugais de 1876 ; le code Allemand de la même année ; le code Espagnol de 1881.

ne pouvons rester indifférents au milieu de cette activité législative; notre code de procédure civile est vieilli; nous devons voter des lois nouvelles pour donner satisfaction aux besoins de la société actuelle. L'étude des lois étrangères sera très utile pour réaliser cette noble ambition.

Le défaut en législation comparée pourrait être à lui seul l'objet d'un long travail; nous ne pouvons exposer ici que les points principaux; nous ne dirons que quelques mots des codes étrangers qui contiennent les mêmes règles que le nôtre, en nous promettant d'insister un peu plus sur ceux qui admettent des règles différentes.

§ 1 : **Belgique**.

Les dispositions du code Belge sont identiques à celles de notre code de procédure civile; la jurisprudence, excepté sur quelques points de détail, ne s'écarte pas de celle suivie en France (1).

Un projet de réforme apporte des modifications importantes aux règles actuelles sur le défaut; il se rapproche beaucoup du projet proposé dans la principauté de Monaco que nous étudions plus loin (2).

§ 2 : **Allemagne**.

Avant la mise en vigueur du nouveau code, les lois et les pratiques judiciaires, en vigueur dans les

(1) Beltjens : *Code de procédure civile,* t. I, p. 502 et suivantes.

(2) Une commission extraparlementaire fut instituée par arrêté royal du 23 juillet 1866 pour préparer la revision du code de procédure civile. Le titre I du livre préliminaire a été seul voté en 1876; il est relatif à la compétence en matière contentieuse. Cf. Bormans : *Commentaire du code de procédure civile Belge.*

différentes parties de l'Allemagne, pouvaient se ramener à trois groupes principaux :

1° Le système de la procédure civile commune Allemande ;

2° Le système du code de procédure civile Français, resté en vigueur dans les provinces rhénanes et en Alsace-Lorraine ;

3° Le système du code Hanovrien (1).

Dans le premier système si une des deux parties refusait de comparaître à la première audience, la cause était jugée par défaut sur les conclusions de la partie comparante. On tenait pour admis les titres qu'elle avait produits et pour avérés les faits qu'elle avait allégués, à moins qu'ils n'aient été expressément contredits par la partie adverse. On ne tenait aucun compte des titres produits par le défaillant et des faits allégués par lui et non appuyés de preuves.

La non-comparution des deux parties entraînait la suspension de la procédure ; elle n'était reprise que sur la demande de l'un des plaideurs.

Nous ne dirons rien du second système ; il a fait l'objet de cette étude.

D'après le code Hanovrien si le demandeur ne comparaissait pas, sa demande était rejetée sans examen sur les conclusions du défendeur. Si ce dernier ne comparaissait pas l'affaire était jugée par défaut contre lui, et la demande adjugée si elle était vérifiée. L'absence des deux parties avait pour résultat d'interrompre l'instance ; elle n'était reprise

(1) Ces distinctions sont empruntées à l'ouvrage de M. Glasson : *Le code de procédure civile pour l'empire d'Allemagne*, p. 56.

que sur la demande de l'une ou de l'autre. Ce système se rapprochait de celui consacré par notre code de 1807.

Cette diversité des procédures était la source de nombreux inconvénients, qui devinrent plus sensibles à mesure que les relations entre les divers États du nouvel empire devinrent plus fréquentes.

Un nouveau code fut voté le 16 décembre 1876 et appliqué l'année suivante.

L'article 295 prévoit le cas où le demandeur fait défaut et décide que ce dernier sera débouté de son action par le jugement qui constatera le défaut. Ce texte omet de trancher avec netteté un point qui a donné lieu chez nous à une controverse des plus vives : le défaut-congé doit-il se borner à donner au défendeur congé de l'assignation, ou peut-il lui accorder le bénéfice de ses conclusions ? Le code Allemand semble admettre une solution contraire à celle admise en France par la jurisprudence (1).

Les articles 296 et 298 sont relatifs au défaut du défendeur; ce dernier peut faire défaut de deux manières : en ne comparaissant pas, c'est-à-dire en refusant d'accepter le débat; après avoir comparu en refusant d'y prendre part. Mais ces deux défauts sont soumis aux mêmes règles.

Au jour fixé pour le débat oral, les faits, exposés verbalement par le demandeur, sont réputés reconnus,

(1) L'article 295 est ainsi conçu : « Si le demandeur ne comparaît pas au jour fixé pour le débat oral, il est rendu, sur les conclusions du défendeur, un jugement par défaut qui déboute le demandeur de son action ».

Cf. ci-dessus, p. 157, et Glasson : *Code de procédure civile pour l'empire d'Allemagne*, p. 109.

et si cet exposé justifie les conclusions du demandeur, elles lui sont adjugées; dans le cas contraire l'action est repoussée.

Le tribunal peut d'office ajourner le débat sur les conclusions qui tendent à l'obtention d'un jugement par défaut. Le défaillant doit être réassigné à un nouveau jour si le tribunal estime que le délai, fixé par le président pour l'assignation, a été trop court, ou que la partie a été empêchée de comparaître par cas fortuit ou de force majeure.

L'article 309 décide que les frais, occasionnés par le défaut, soient mis à la charge du défaillant, même si à la suite de son opposition le jugement est modifié.

Lorsque plusieurs défendeurs sont cités par le même adversaire, que les uns comparaissent et les autres font défaut, de nombreuses questions naissent de cette situation; quelques-unes ont été prévues chez nous par les articles 151 à 153; le code Allemand n'en prévoit aucune et laisse à la jurisprudence le soin de les résoudre (1).

§ 3 : Italie.

Aux termes de l'article 381, le défendeur peut faire déclarer le défaut du demandeur, aux fins d'obtenir l'absolution de l'instance et de la demande et le remboursement des dépens.

Ce texte et quelques expressions contenues dans les articles suivants permettent de penser que le

(1) Pour plus de détails, cf. Glasson : *Code de procédure pour l'empire d'Allemagne.*

législateur a accordé aux juges le droit de statuer sur le fond.

Le code Italien n'admet qu'un seul défaut de la part du défendeur.

Les articles 385 et 386 permettent au tribunal d'instruire sur le défaut, en ordonnant par exemple une enquête ou une expertise (1). En pareil cas les ordonnances d'instruction sont notifiées au défaillant au moyen d'une apposition d'affiches à la porte extérieure du tribunal; mais les jugements proprement dits doivent être signifiés en personne au défaillant par huissier commis, à peine de nullité de la signification.

L'article 388 met à la charge du défaillant, même pour le cas où il triompherait sur son opposition, les frais du jugement par défaut, de sa notification et de tous les actes auxquels a donné lieu sa contumace.

L'opposition est admise, mais rendue aussi rare que possible : ainsi elle est retirée au défendeur dans tous les cas où il a été ajourné en personne, et dans les autres le demandeur peut retirer au défendeur le droit d'opposition s'il le réassigne et si celui-ci continue à faire défaut.

§ 4 : Suisse (Canton de Genève).

Le défaut du demandeur est prévu et réglé par l'article 131 : « Si le défaut est prononcé contre le demandeur, le défendeur sera libéré des conclusions

(1) Même l'article 392 permet au tribunal de statuer d'office sur la nullité de forme contenue dans l'ajournement ou dans tout autre acte de procédure.

prises contre lui, et il obtiendra ses conclusions reconventionnelles si elles ont été produites au demandeur ».

En ce qui concerne le défendeur un seul défaut est possible ; il a lieu lorsqu'il ne comparaît pas ou refuse de plaider à l'audience indiquée par l'exploit d'ajournement ; si la cause doit être jugée sans plaidoirie, le défaut a lieu s'il ne fait pas sa production dans le délai fixé.

D'après l'article 130 le défaut est prononcé contre le défendeur, et le demandeur obtient ses conclusions, même si elles ne sont pas justes et vérifiées.

Le défaillant est alors privé de la garantie de l'article 150 de notre code. Deux raisons ont motivé cette suppression : l'expérience avait, paraît-il, démontré que cette disposition était inexécutable ; n'est-ce point inexécutée que l'on aurait dû plutôt dire ? En second lieu deux présomptions plaident en faveur des conclusions : le silence du défendeur annonce suffisamment que le droit est contre lui ; et presque toujours la probabilité est plus en faveur du demandeur que du défendeur.

La disposition de l'article 130 est certainement trop rigoureuse et peut entraîner la condamnation d'un défendeur de bonne foi.

L'article 132 apporte, il est vrai, un léger tempérament : « nonobstant le défaut ne seront point adjugées les conclusions que les faits articulés ou les pièces produites justifieraient n'être pas fondées ».

Les rédacteurs du code n'ont point adopté ni repoussé notre théorie du défaut profit-joint ; ils ont choisi un système mixte : le jugement rendu contre les comparants et les défaillants reste ce qu'il est réellement, contradictoire à l'égard des uns, par défaut à l'égard des autres ; l'opposition n'est ouverte qu'à ceux-ci, mais elle profitera aux premiers dans deux cas : si le jugement qui l'admet repose sur des moyens communs, inconnus des comparants, ou dont la preuve dépendait des défaillants ; si l'objet de la condamnation était indivisible.

D'après l'article 145 les frais frustatoires, occasionnés par le défaut régulièrement obtenu, seront à la charge du défaillant, lors même que sur l'opposition il obtiendrait gain de cause. Les juges pourront même déclarer l'opposition non recevable, si le défaillant ne consigne pas au préalable lesdits frais, tels qu'ils les arbitreront (1).

§ 5 : **Monaco.**

Un projet de revision du code de procédure, présenté depuis quelques années, apporte aux dispositions existantes des modifications dignes d'être notées.

Lorsque le demandeur fait défaut le tribunal doit accorder au défendeur purement et simplement congé de la demande, ou comme on disait autrefois la relaxe de l'assignation. Il ne peut y avoir aucun examen du fond et les droits du demandeur restent intacts ; mais pour qu'il n'abuse pas, dans un but de vexation, de ces appels en justice non suivis de sa propre comparution et sans résultat décisif, l'article 209 dispose qu'il sera condamné aux dépens et qu'il

(1) Pour plus de détails, cf. Taillandier : *Procédure civile de Genève.*

ne pourra réitérer sa demande qu'après avoir consigné le montant de ces frais au greffe du tribunal (1).

Le défendeur peut également faire défaut.

Les juges ne sont pas obligés de prononcer le défaut toutes les fois que le défendeur ne comparaît pas sur le premier appel de la cause; l'article 210 les autorise, selon les circonstances, à ordonner sa réassignation (2).

L'article 211, in fine, permet le rabat du défaut et évite ainsi toutes les discussions nées chez nous par suite du silence du législateur.

Si plusieurs personnes, ayant droit à des délais différents, sont assignées pour le même objet, il ne pourra être pris défaut contre aucune d'elles qu'après l'échéance du plus long délai.

L'article 214, tout en consacrant avec l'article 219 la théorie du défaut profit-joint, permet au demandeur d'en écarter l'application, en renonçant à l'effet de l'assignation envers les défaillants, pourvu que l'objet du procès ne soit pas indivisible. Dans ce cas le tribunal statue immédiatement à l'égard des parties présentes (3).

L'article 216 exige, non pas l'exécution des jugements par défaut, mais seulement leur signification dans les six mois, sous peine de les voir réputés non avenus.

(1) C'est le système du projet Belge (livre I, t. III, art. 2); d'après le code Portugais l'assignation reste sans effet si le demandeur n'interpelle pas le défendeur à l'audience fixée pour la comparution (art. 201, § 1).

(2) Projet Belge, *tit. cit.*, art. 3; Rolland: *Projet de revision du code de procédure civile*, p. 156.

(3) Projet Belge, *loc. cit.*, art. 6, § 2.

Ils ne seront pas exécutés avant l'échéance de la huitaine de la signification à personne ou à domicile, à moins que l'exécution n'ait été ordonnée.

Le demandeur ne peut jamais faire opposition ; le défendeur le peut s'il n'a pas reçu en personne l'exploit d'assignation.

CONCLUSION

Nous voici arrivés au terme de l'étude que nous avons entreprise.

Les textes de notre code de procédure civile, relatifs aux jugements par défaut, étaient en réalité notre seul objectif; ce sont eux d'ailleurs qui ont été l'objet des plus longs développements.

Mais ils ne forment pas un tout isolé; ils ne sont qu'un moment d'arrêt dans cette évolution qui part des temps les plus anciens pour ne finir qu'à nos jours. Aussi pour bien les connaître nous avons été obligés d'étudier ce qui précède et ce qui suit.

Nous avons maintenant les éléments nécessaires pour apprécier l'œuvre du législateur de 1807.

Il est certain que la procédure du défaut, en vigueur depuis près d'un siècle, constitue un réel progrès sur les procédures antérieures.

Il est inutile de la comparer avec la procédure du défaut des actions de la loi ou de l'époque formulaire; l'absence d'un plaideur était alors considérée comme un refus d'obéir à la loi et punie rigoureusement. Avec la procédure extraordinaire apparurent quelques douceurs; le défaillant devint l'objet d'un peu de sollicitude; il n'était jugé par défaut qu'après le troisième appel en justice, et n'était condamné que si son adversaire parvenait à convaincre le juge : *interdum vel absens, si bonam causam habuit, vincet.* Mais s'il n'était pas absous, aucune voie de recours, analogue à l'opposition, ne lui était ouverte pour faire tomber le jugement. Un défaillant de bonne foi pouvait donc être injustement et définitivement condamné.

Le droit canonique adopta en principe les mêmes règles ; cependant il apporta quelques distinctions qui rendirent cette procédure plus confuse que la procédure romaine.

Du défaut en droit coutumier jusqu'à l'ordonnance de 1667 nous ne dirons qu'un mot : les délais successifs que le comparant devait observer, les formalités nombreuses auxquelles il devait se soumettre, ne lui permettaient d'obtenir justice qu'après une longue attente ; le plus souvent le défaillant succombait sous les frais énormes de procédure, qui s'étaient accumulés depuis le premier appel en justice.

Une ordonnance de 1539 tenta vainement de réagir contre ces abus.

L'ordonnance de 1667 fit mieux. Dans tous les cas le premier défaut était péremptoire; le demandeur, après avoir fait constater au greffe le défaut de son adversaire, devait aller à l'audience se faire adjuger ses conclusions, sauf vérification, et sans autres procédures, sommations ni réajournements. Le défaut du demandeur emportait congé de la demande, sans qu'il y eût lieu de vérifier les conclusions du défendeur. Le défaillant avait toujours la faculté de faire rabattre le défaut en se présentant avant la fin de l'audience.

Cependant cette ordonnance laissait subsister des pratiques défectueuses et introduisait des réformes défavorables; elle ne supprimait pas tous les défauts inutiles et par conséquent frustatoires; elle maintenait l'insignifiante formalité des présentations et la constatation des défauts au greffe; elle ignorait la théorie du défaut profit-joint.

Le législateur de 1807 prit pour base l'ordonnance de 1667, mais y apporta quelques dispositions nouvelles.

Son intention fut de donner satisfaction aux divers intérêts en présence, éviter les frais, faire obtenir une justice aussi prompte que possible, tout en garantissant le défaillant contre les fraudes dont il pouvait être victime.

Deux défauts seulement furent maintenus: le défaut faute de comparaître et le défaut faute de conclure.

Le greffe des présentations fut supprimé et les défauts furent pris et jugés à l'audience.

S'il y avait plusieurs parties assignées, et si toutes faisaient défaut, un seul jugement devait être pris à l'échéance du plus long délai; si quelques-unes seulement comparaissaient, un jugement devait joindre le profit du défaut.

Le jugement par défaut faute de comparaître était signifié par un huissier commis, et, sous peine d'être considéré comme non avenu, devait être exécuté dans les six mois de son obtention; l'opposition était accordée au défaillant dans une large mesure.

Sans aucun doute le code de procédure civile avait réalisé de grands progrès, mais il était loin d'être parfait. Dès le début du XIXe siècle on critiqua certaines règles dont la pratique avait révélé les défauts. Des réformes ont été proposées ; il en est quelques-unes de très utiles.

Le système du code français, qui accorde à tout défaillant le droit de former opposition au jugement rendu contre lui, a été à juste titre l'objet de nombreuses critiques; aussi nous approuvons la suppression du défaut faute de conclure, ce qui suppose, en conséquence, l'impossibilité pour le demandeur de faire défaut. Tout plaideur, qui a eu connaissance de l'appel en justice, doit rester présent jusqu'à la fin, ou imputer à lui-même le préjudice que peut lui causer sa non-comparution. Il est certain que la protection du défaillant a été poussée trop loin, car elle aboutit souvent à compromettre les droits du demandeur.

Les rédacteurs du projet, voulant diminuer les frais de procédure, ont simplifié la remise de l'exploit d'assignation ; il était à craindre que le défendeur ne soit condamné sans avoir été entendu, aussi il était bon d'insérer cette disposition, qui permet au tribunal de réassigner la partie absente avant de la considérer défaillante. Toutes les mesures, qui tendent à prévenir le défendeur du procès qui le concerne et à rendre par conséquent l'instance contradictoire, sont, à notre avis, dignes d'être approuvées.

Nous sommes également partisans de la théorie du défaut profit-joint, telle qu'elle résulte de notre code de procédure ; la disposition du projet de Monaco, qui permet au demandeur de renoncer à l'instance vis-à-vis des défaillants, ne nous paraît pas vraiment utile.

L'article 156 a été l'objet de vives critiques ; on a prétendu qu'il était plus préjudiciable qu'avantageux au défaillant ; il est cependant impossible de permettre pendant trente ans l'exécution d'un jugement par défaut faute de comparaître ; le délai de six mois, maintenu dans le projet, semble concilier dans la plus juste mesure les divers intérêts en présence. Mais nous admettons que le droit d'opposition soit restreint au délai de quinze jours lorsque le défaillant a eu connaissance par la signification du jugement de condamnation ; il n'y a plus aucun motif pour permettre l'opposition tant que l'exécution n'est pas arrivée au point déterminé par l'article 159.

Nous regrettons que le projet soit resté muet sur un point qui a donné lieu à de vives discussions : le rabat du défaut ; la solution admise en pratique a le mérite de rendre les jugements contradictoires plus nombreux, et nous serions heureux de la voir consacrer par un texte législatif.

Le Parlement est saisi de ces réformes depuis longtemps ; espérons que les dispositions du projet deviendront bientôt des règles légales. Nous souhaitons que cette réforme soit précédée de discussions réfléchies et modérées ; que nos législateurs aient toujours présente à l'esprit cette grave pensée :

« pour faire progresser les institutions d'un peuple, il faut d'abord les conserver, mais aussi pour assurer leur conservation, il faut les faire progresser » (1).

(1) Glasson : *La réforme de la procédure civile en France.*

TABLE DES MATIÈRES

Imprimerie Henri Delesques, 2 et 4, rue Froide, Caen.

www.ingramcontent.com/pod-product-compliance
Ingram Content Group UK Ltd.
Pitfield, Milton Keynes, MK11 3LW, UK
UKHW020547180726
13838UKWH00001B/100

9 782329 02796